Salvemos el matrimonio

Salvemos el Matrimonio

5 PASOS PARA UNA RELACIÓN DE ÉXITO

Yoan García

TALENTO

PUBLICACIONES
2025

Título: *Salvemos el matrimonio*
Subtítulo: *5 pasos para una relación de éxito*
Autor: Yoan García

I.S.B.N.: 979-13-990516-8-1

Edita: TALENTO Publicaciones (Samuel Juliá Cristóbal)
             E-mail: info@talentopublicaciones.com
             Web: www.talentopublicaciones.com

Para las citas bíblicas se ha utilizado la version RVR1960, salvo que se indique otra versión.

Edición POD.

«Al leer la obra del dilecto amigo, Yoan Alberto García del Toro, en verdad me hizo pensar de manera distinta y ver desde otra perspectiva a la familia, por la cual debemos todos luchar, a efecto de que sea lo que en sí encierra el término familia. Es decir, cariño, comprensión, respeto… pero sobre todo amor de los unos por los otros, sin mayor distinción que no sea el que nos hemos ganado con nuestras actuaciones dentro del núcleo familiar y sin olvidarnos del integrante intangible: aquel que nos da todo a cambio de nada más que no sea amor. Es decir, Dios, quien debe estar presente en todos los actos de nuestras vidas, y a quien encomendamos nuestras familias, a efecto de que el amor familiar perdure por siempre».

Dr. Mg. Se. Joseph Rober Mendieta Toledo.
Servidor de la Corte de Justicia de El Oro

«Este libro nos da las herramientas útiles para restaurar aquellos matrimonios que hoy día se encuentran al borde de la desesperación y la desintegración total. Dejarnos llevar por los consejos que nuestro hermano Yoan

García nos da es una de las mejores decisiones que podemos tomar para llegar a tener, en definitiva, el matrimonio que todo hombre o mujer anhelaría tener: un matrimonio de ÉXITO».

Ronald De León Martínez, Ministro Ordenado de la Iglesia de Dios Centro de Adoración Bonao. Monseñor Noel, Republica Dominicana.

«En mis años de reportero y siervo de Dios he visto núcleos familiares desintegrados que repercuten de manera negativa no sólo en las parejas, sino en los hijos que viven las guerras de poder que se libran día a día en los hogares. Creo que "Salvemos el Matrimonio" de mi buen amigo Yoan García es una propuesta fresca para rescatar esas familias enseñando los valores de humildad, amor y sobre a través del poder de Dios».

Lcc. Francisco Minjares Galaviz, Director de Comunicación de la Revista Misionera Tiempo de Dar

ÍNDICE

INTRODUCCIÓN

En mi andar por Latinoamérica pude encontrar en casi todos los países que visité el mismo denominador común. Personas con grandes heridas y traumas causados por algo que ellos mismos describen como el síndrome de «un matrimonio destruido» o un «matrimonio en crisis». Así, tan duro como le pueda parecer a usted.

Ya fueran hombres o mujeres, todos coincidían en el mismo punto: la ruptura del hogar fue su talón de Aquiles. Todos ellos fueron mutilados de esperanza, amor propio, paz; no hacían más que quejarse y sentirse frustrados. ¿Por qué? No podemos negar que hemos caído en el fatalismo moderno de «tomo, uso y boto». Pareciera que eso hoy es una fortaleza dentro de los fundamentos del matrimonio, cuando tomo, lo uso y si no me sirve, lo boto. Es decir «chao» al matrimonio, desperdiciar algo tan lindo y significativamente poderoso como unir tu vida a otra persona y formar una familia. Es echar abajo la institución más grande que un mortal puede lograr alcanzar: la familia.

Creyendo que el corazón de Dios no puede estar muy contento con tanto divorcio y parejas que, aunque no se hayan divorciado legalmente, en el hogar lo están, me di a la tarea de hacer acopio de fuerzas y dejar plasmado en este material algunos consejos prácticos, que espero sean de ayuda y que, por medio de ellos, pueda honrar a mi Señor. Aclaro que no es para nada un tratado teológico, solo una guía práctica. Seguro que no es el primero, ni el último libro, ni el mejor sobre el matrimonio.

Puse todo mi empeño y ánimo en poder ayudar a tantas parejas que hoy viven un divorcio domiciliario, queriendo sembrar en sus corazones la esperanza de volver a tener un matrimonio feliz, donde sus hijos puedan mañana patentizar, a través de sus vidas, el logro de un matrimonio no solo bendecido, sino duradero. Un matrimonio no exento de problemas, sino una relación donde juntos pueden lograr lo que se propongan. Rescatar un poco el dicho antiguo de «hasta que la muerte nos separe».

No tengo para nada la fórmula correcta; solo son verdades de la Palabra de Dios que nos pueden ayudar mucho para que nuestros matrimonios no caigan en la zona de conflicto denominada «mi matrimonio es un infierno». Es, sobre todo, devolver la fe a lo que parece muerto en estos días tan difíciles que vivimos: el matrimonio o noviazgo. En fin, restituir un poco lo que otros hoy toman por ligero e insostenible. Recorramos juntos por los senderos estrechos, pero seguros de un matrimonio bendecido en Cristo nuestro Señor. Gritemos todos juntos: ¡Salvemos el matrimonio!

CAPÍTULO 1:
¿SÓLO O EN EQUIPO? ¡TÚ ESCOGES!

«Así que ya no son dos, sino una sola carne» (Mt 19:6).

Quisiera ayudarte a responder esta pregunta por medio de mis palabras: ¿Solo o en equipo? Espero que puedas escoger con veracidad lo que puede ayudarte en el sagrado deber de mantener una familia junta. Sé que no es fácil y es bien duro sostener un matrimonio "exitoso", pero sé que, si comenzamos este viaje por el trabajo de equipo dentro del matrimonio, nuestro final será maravilloso y podrás recuperar todo lo perdido: amor, comunicación, relación… En definitiva, un matrimonio feliz.

¿Qué pasa que ya no podemos mi pareja y yo tener la misma relación que antes? ¿Será que las presiones del diario vivir me han separado de ella o él? ¿Acaso no podrá ser que mi individualismo está matando esta relación? ¿Funcionará trabajar en equipo dentro de mi matrimonio?

Espero que puedas responder estas preguntas y sacar lo mejor de estos consejos y puedas restaurar lo que más ha importado ayer, hoy y siempre: la familia.

Entremos en el tema.

¿Por qué no nos gusta trabajar en equipo?

El problema es que nos pasamos la vida tratando de logra cosas por nuestra propia cuenta, ya sea trabajo, estudios, metas, proyectos e infinidades de sueños por realizar. El punto es que, desde pequeños, se nos enseñó a muchos a trabajar solos por lo que queríamos y, por ende, cuando llegamos al matrimonio, eso se traduce en descalificar muchas veces a nuestra pareja. Ya conscientemente o sin proponérnoslo, nosotros tenemos una tendencia egoísta y a pocos nos gusta que otros nos amonesten o nos digan qué hacer. ¿Y qué pasa cuando nos vamos a casar? Nos entregan de todo menos un manual de ser el esposo o esposa maravillosa: nos hartan de regalos y materiales, pero de muy poca sabiduría. Lo que no nos dicen es que a veces se vuelve insoportable la batalla de sacar adelante una familia, y aún más cuando aparecen los bebés.

Todo lleva trabajo en equipo, como los animales de tracción con un yugo. Si estos halan juntos, todo es más fácil; si se niegan, no avanza la vida. Venimos cargados de individualismos y cuando vemos el panorama de lo que se ha convertido nuestra vida, nos desanimamos y caemos en depresión y chocamos con nuestra pareja. Ahí vienen las peleas, los enfrentamientos y los disgustos. Entonces tomamos decisiones que no se deben tomar en momentos de crisis y, ¡pum!, a desesperarse y tratar de terminar lo que empezó jurándose lealtad y amor hasta que la muerte los separe. Y así tratan de arreglar las cosas. Pero hay que aprender a enfrentar la vida, a ganar los problemas juntos, que nada ni nadie nos distancie.

Entonces ahora salta a la vista una pregunta interesante.

¿Cómo veo mi matrimonio?

La respuesta a esta cuestión determinará mucho el nivel de éxito dentro de tu relación. Todo depende de cómo estés viendo tu relación. Hay quien la ve como una carga; otros, como una cosa mala que le pudo pasar; otros, como algo que sucede naturalmente; otros, ni como eso, al contrario, atentan contra esa bendición; otros lo ven como lo que es: un regalo precioso de Dios y una gran responsabilidad; y otros como un amor platónico de telenovelas.

Todo depende de tu cosmovisión del matrimonio: si es una carrera para alcanzar tus logros, metas y deseos personales, o una institución de tres personas. Leíste bien: de tres personas: Dios, la pareja y tú. No solo se trata de ti. Es una bendición en la cual, si no trabajan los tres, todo puede irse por el barranco.

Es tiempo de detenerse un poco y pensar: ¿está funcionando mi matrimonio? ¿O es un verdadero infierno de problemas y disgustos? ¿Hasta cuando el egoísmo nos va a ganar la partida y seguiremos tratando de arrastrar este matrimonio? ¿Acaso no nos damos cuenta de que en equipo es mejor? Es más fácil llevar las responsabilidades, triunfos, derrotas… Todo, compartido, pesa menos. Reflexionemos y hagamos la pregunta que todos esperamos después de analizar y adueñarnos de un sentimiento de querer hacer las cosas mejores.

¿Cómo hacer para trabajar en equipo en el matrimonio?

1. Empieza a desaprender lo que el individualismo te enseñó

«Es más fácil negar las cosas que enterarse de ellas» (Mariano José de Larra).

Este pensamiento muestra quizás la respuesta inmediata a «yo no soy egoísta». Pero espero que puedas ver la gran oportunidad que hay en reconocerlo. ¿De qué estamos hablando? De comenzar a negarnos nosotros mismos para hacer cosas juntos con nuestra pareja. El individualismo te enseña cosas buenas y, hasta cierto momento, hay que reconocerlo. Pero llega el tiempo dentro del matrimonio en que hay que sepultarlo. Entonces debemos recomenzar, reprogramarnos hacia la familia, ver nuestra relación como un gran equipo de fútbol, béisbol o de la disciplina deportiva que más le guste. Pero como equipo. Utilizando múltiples estrategias que te lleven a ganar como equipo en tu matrimonio.

Puede costarte bastante, pero vale la pena.

a) Un buen consejo es que dejes que Dios te auxilie. Si

no reconocemos ese Ser Supremo que quiere ayudarnos en esta tarea, podemos no hacerlo muy bien.

b) Reconoce que necesitas ayuda; eso es determinante, pues puedes sentirte solo y frustrarte.

c) Cuando falles tratando de jugar en equipo, inténtalo de nuevo solo; estamos falta de práctica, nada más.

d) Ten paciencia, con ella se logran grandes cosas.

e) El dolor de compartir la victoria es mejor que celebrar solo en el podio.

f) Desde hoy comienza a realizar actividades con tu pareja, aunque te cueste: cosas que fomenten la mentalidad de equipo, no solo en ti, sino en tu familia, esposa e hijos.

g) Nunca midas tu éxito del trabajo en equipo solo por lo que tú crees que funciona bien. Asesórate con tu pareja y pregúntale con sinceridad cómo van.

h) Repite diario: el trabajo en equipo hace más fuerte mi matrimonio, solo no puedo.

i) Otra máxima: Cristo solo puede darme las fuerzas, TODO lo puedo en El que me fortalece (*cf.* Fl 4:13).

j) No olvides: desaprender patrones cuesta, pero no es imposible.

2. Recuerda en todo momento que tu pareja no es perfecta, ni lo será jamás

«Antes de juzgar a una persona, camina

tres lunas con sus mocasines» (Proverbio indio).

¿Por qué es importante saber esto para el trabajo en equipo? Porque a veces en el matrimonio, cuando uno de los dos comete un error, el otro no hace más que criticarle y decirle: «no te quería decir, te lo dije». Esto puede destruir tu relación. Recuerda siempre: son un equipo.

¿Qué hacer ante el error de tu pareja?

a) Ayúdala a levantarse del presunto error.

b) No la juzgues, recuerda que tú también cometes los tuyos.

c) Procuren empezar de nuevo, como si nada hubiera pasado.

d) No seamos tan perfeccionistas, porque lo que sembramos, lo recogemos y nos pueden pasar la factura en eso de quererlo todo tan «ultra-archi-mega-sin-errores».

e) Hazla sentir cómoda, como si no pasara nada; eso te ayudará mucho y tu pareja lo valorará de tu parte.

f) Recuerda que en el equipo cualquiera puede fallar un tiro al arco, o no saber cobrar un tiro de esquina, sin excepción de nadie, TODOS: eso te incluye a ti.

g) Perdona la falta cometida: eso marcará un antes y un después en la relación.

h) No te des por vencido.

3. En todo equipo hay sacrificios que hacer

«Nadie tiene amor más grande que el dar
la vida por sus amigos» (Jn 15:13, NIV).

Pongo a tu consideración una regla del beisbol que creo se debe aplicar con toda intención para el trabajo de equipo.

Es la regla del toque de bola[1], que significa lo siguiente:

«Acción de golpear la pelota suavemente
(sin abanicar el bate, solo colocándolo) en
una jugada que busca que la defensiva tenga
que acercarse al plato, descuidando así el
resto de las bases. Generalmente se utiliza
para hacer que un corredor en base pueda
avanzar».

La idea no es hacerlos beisboleros. Es enseñarles, a través de esta regla, cómo en el matrimonio a veces uno debe sacrificarse por el otro, con el fin de que avancen los dos como equipo.

Esta regla pretende regalar un *out*, pero acercar más el jugador a las otras bases, más cerca del home, es decir, de tratar de anotar, ya sea el empate del juego o la ventaja. En cualquier caso, su propósito siempre será en pos del equipo. Así, con más razón dentro de la pareja hay que

---

[1] news.bbc.co.uk
[http://news.bbc.co.uk/hi/spanish/deportes/newsid_4721000/4721880.stm]

apoyar al otro cuando este requiera un sacrificio adicional, que todo sea para que como familia salgan adelante. Si ella o él necesitan de ti, no dudes en apoyarlo, no permitas que tu sentido de creer que todo es por ti te robe la oportunidad de empujar una carrera más para tu mayor y mejor equipo: tu familia.

Recuerda: Cristo lo hizo por ti sin esperar nada a cambio. Eso es digerible, comprensible. Demos el ejemplo de ser capaces de sacrificar algo de nuestro tiempo: recursos, amor, espacio, para que el «otro» pueda avanzar. A veces somos machistas y pensamos que solo nosotros podemos triunfar en la vida. Pero no, a veces hay que darle paso a nuestras esposas; dejar que Dios, a través de ellas, pueda también traer la bendición al hogar y sentirnos felices de sus logros y éxitos. Por favor, dejemos el deseo ese egoísta de creernos nosotros a veces los mejores y más capaces dentro del matrimonio. Si en verdad valoramos la pareja, empecemos a hacer sacrificios visibles para mejorar nuestras relaciones. Aprendamos de Cristo.

Ejemplo:

1. Él dio su vida sin esperar nada a cambio; nosotros demos la nuestra por la pareja.

2. Él no nos saca en cara lo que hicimos. Al contrario, nos ama y nos perdona. Haz tú lo mismo. No le digas constantemente lo que estás haciendo por ella. Ámala y perdónala.

3. Todo sacrificio lleva muerte. Muere a ti mismo.

4. Tu meta siempre será disfrutar de lo que haces por el bien de tú familia, no solo por el tuyo.

5. No esperes el sacrifico del otro. Empieza por ti, Cristo no esperó por el tuyo.

6. No olvides: vale la pena sacrificarte ahora y ver los resultados después juntos.

7. No permitas que los que no entienden tu dinámica de vida te amarguen con sus conceptos. Aléjate de eso, no te hará bien.

8. Cristo no se quedó en la tumba. Resucitó. Está vivo. Así debe ser tu relación. No va a morir, sino que resucitará y estará más viva que nunca.

Estoy seguro —de hecho, soy testigo de esto— que sacrificarte por el otro no solo vale la pena, sino que es lo mejor y unas de las cosas más saludables que le pueden pasar a un matrimonio.

¡Adelante! ¿Quién es el primero en sacrificarse por el otro?

4. Vivimos en un mundo lleno de competencia, no así en la relación de pareja

«Es asombroso que la Humanidad todavía
no sepa vivir en paz, que palabras como
'competitividad' sean las que mandan frente a

palabras como "convivencia" (José Luis Sampedro[2])».

Me explico: esto, que es maravilloso y digno como el matrimonio, no es una empresa, administración, hotel, salón de negocios, o venta de algo donde debemos poseer espíritu de competencia. De esta idea nace, hasta cierto punto, el pensamiento de «vamos a ver quién es mejor que el otro o quien hace o vende más». Es más, a veces el enemigo no está fuera de la casa, sino adentro. ¿A qué me refiero? Cuando tú crees que el matrimonio trata de ser uno mejor que el otro, pensando así, entierras ya de antemano casi todas las posibilidades de un matrimonio feliz.

A veces se nos va la mano tratando de alcanzar algo y, cuando nos damos cuenta, ya hemos aplastado a la persona que más nos amaba.

Del mundo de los negocios traemos cosas a la casa, como eso de que en todo tiempo hay que ser competitivos, no para el bien, sino para el mal, tratando de superarnos el uno al otro. Pero el matrimonio no es una competencia. Es más bien un regalo que juntos deben saber cuidar y no permitir jamás que se golpee o se rompa. Es que a veces parecemos niños, tratando de molestar al otro con cosas que no son en realidad tan importantes. Mis amados: recuerden que deben tener sentimiento de superación. Pero

---

[2] Frases y Citas [http://akifrases.com]

juntos: el bien del otro es el tuyo. ¿Cómo podemos tratar de achicar a nuestra pareja cuando en realidad no sabemos que, si le «superamos» en lo académico, en lo profesional, o en lo que sea, eso no nos hace mejor? Por el contrario, somos más responsables de ella.

Es que debemos tener mentalidad de equipo. Si crecemos, tratemos de hacerlo para el beneficio de la familia. Tenemos que reconocer que le ponemos nombres a nuestro deseo de ser mejor que el otro y buscamos excusas para sentirnos «más», mejores en la vida y el trabajo. Entonces descuidamos la pareja.

Quisiera darte algunos consejos prácticos:

1. Si tu esposo (a) no se superó académicamente, no se lo eches a ver. Ayúdale más bien a retomarlo y juega tu papel de triunfador con mentalidad de dos.

2. Es bastante cómodo desde arriba de la cima decir «sube». Mejor baja y ayuda a subir a tu pareja.

3. A veces hay que bajar un poco nuestro nivel para hacer sentir bien a la persona que amamos.

4. No le eches a ver tus logros y le saques en cara sus fracasos.

5. Que tu pareja sienta que cuando quieres superarte lo quieres hacer por los dos, no solo por ti.

Lleguemos a una conclusión sobre este punto: no dejemos que las corrientes de pensamientos del hoy, esas que quieren llevar hasta la casa el trabajo, nos afecten y creamos que nuestro hogar es un lugar donde la persona que vive con nosotros es un empresario más. En todo caso, es un cliente que hay que mantener contento y feliz.

5. Somos un equipo, no llaneros solitarios. Si él gana, tú ganas; si él pierde, tú pierdes

«El trabajo en equipo es el combustible
para el vehículo del logro» (Anónimo).

Cuando entendemos la base de este concepto, nuestra mentalidad cambia por completo. Muy distante de lo que hoy se puede ver en medio de la sociedad. Somos consumistas profesionales de nuestros logros, de nuestras vidas. Cada día más, los medios nos enseñan a ver al semejante como un enemigo potencial en cualquier área: los líderes políticos se han levantado y se levantan muchos como ídolos de la gente. Todo mostrando que han llegado a donde están por sus propios logros personales, por sus sacrificios, sus talentos, sus capacidades. Entre otras cosas, la idea siempre ha sido inmortalizar su individualismo en nuestra mente. Nos han afectado tanto que creemos historias de algunos que son casi de películas de la más alta ficción de cualquier cine de Hollywood.

Esto, por ende, ha llegado a nuestros hogares sembrando patrones destructivos para nuestros matrimonios. ¿Por qué digo esto? Porque si hacemos un análisis superficial de muchas de nuestras vidas, veremos cómo todo gira alrededor de nosotros mismos: la esposa tiene que hacer lo posible e imposible para que nosotros estemos felices, contentos. Y cuidado con que ella nos falle en algo, porque la crucificamos.

No estoy hablando de que no nos ayuden. Lo que quiero rescatar es la idea de que no seamos ilusos. Todos sabemos que, como dice el viejo adagio, detrás de un gran hombre o mujer se esconde una gran pareja, que no nos creamos la película que el éxito viene solo de nosotros. Te aclaro:

1. Sin Dios estamos descalificados de antemano.
2. Tu esposa (o) juega un papel determinante en tu vida.

Seamos claros a la verdad. Sin esa ayuda de ellas (os) estamos muy mal parados. Es vital su ayuda y comprensión en los tiempos difíciles. ¿Quién no ha tenido días duros? Pero cuando llega la pareja y nos dice esas palabras mágicas, todo va a estar bien; como un regalo del cielo vuelven las fuerzas.

La sinceridad hoy es un cadáver más en el cementerio de la verdad dentro de muchos matrimonios. Nos cuesta reconocer que sin nuestra pareja no hubiéramos logrado muchas cosas. Es que nos han enseñado a creernos que es una obligación lo que cualquier cónyuge hace para que el matrimonio triunfe. Por favor, seamos realistas. ¿A dónde has llegado solo? No lo hubiéramos logrado si esa pareja no se hubiera tragado muchos buches amargos por el éxito nuestro. Es muy propio de hoy decir: «lo logramos solos». Parecemos yoyos; solo nosotros, el *showman* del momento. Pero no es así. Todo éxito generalmente está basado sobre los fundamentos del sacrificio hecho por un grupo con el fin de ayudar a una persona.

Hasta en el mundo animal podemos ver que el trabajo en equipo es un diseño de Dios. Los animales nos dan lecciones de amor, de sacrificio por el bien común, por la pareja. Las hormigas, por ejemplo, como dice la Biblia, sin capitán ni nadie que las dirija (*cf.* Pr 6:6), saben trabajar en equipo. Nada es más fácil que, después de que la familia o la esposa (o) nos ayudan, no darles el mérito. Hay que darse cuenta de que el trabajo debe ser con la mentalidad de equipo: que no te puedes hacer autogoles tú mismo. Reflexionemos: si tu esposo (a) fracasa, tú fracasarás. Tratar de meter el gol solo no es muy efectivo. Pensemos que cuando un matrimonio se rompe no pierde solamente uno. Pierden los dos. Y si hay bebés, pierden más, llegando a ser peores las consecuencias.

Es que, llevándolo de nuevo al fútbol, de nada nos vale ser el jugador estrella; si no hay quién de un pase, no podemos meter el gol. Necesitamos a todos para lograr una jugada en equipo y, al final, no interesa tanto quién lo coloque detrás de las cuerdas, sino que el equipo gane. Jamás un equipo será un jugador, así cómo jamás un matrimonio será de uno. Si ella no te da el pase, difícilmente anotarás el gol. Si él no te ayuda de igual manera, perderán los dos. Y si entre los dos no buscan a Dios, perderán el partido (la vida).

¡Arriba! Despojémonos de todo sentimiento de estrella y compartamos el trofeo con quien siempre fueron los que nos dieron el pase del gol: nuestro Dios, nuestra familia.

Recuerda si ellos pierden en la vida, tú pierdes. Mantén el equilibrio y trabaja en sus sueños, pues esos sueños te involucran a ti. Tantas veces nos olvidamos de que nuestra pareja también tiene sueños que cumplir; ella o él necesitan que le ayudes a desarrollar lo que Dios colocó en ellos. Trabajar en los sueños de nuestro amor es maravilloso y verlos triunfar es aún mejor. Abandonemos todo sentimiento de temor que nos impide ayudar a la pareja creyendo que ella sea mejor que nosotros. Te repito: esto no trata de quién es mejor, sino de dos personas que se aman. Y el bien de uno es de los dos.

No podemos enfocarnos en el sentimiento egoísta de aplastar a nuestra pareja porque creemos que si la apoyamos nos verán mal. No te puede interesar lo que piensen de ti por apoyar el sueño de tu pareja. Recuerda: se trata de Dios y ustedes, no del mundo entero. Calla esas voces que generalmente fracasan en el matrimonio y quieren darte lecciones de cómo llevar el tuyo. Escucha la voz de Dios: Él quiere que tengas un matrimonio pleno.

Empecemos hoy a dejar todo lo que nos quiere hacer llaneros solitarios. Comencemos el juego de otra manera, ahora con la mentalidad de equipo, felices de comprender cuán importante es que mi pareja logre un gol (éxito en su vida profesional, hogar, estudios). Sabiendo que toda victoria es nuestra, no solo mía, y que toda derrota es de los dos.

6. No trates de jugar muchas posiciones dentro del matrimonio

«Campo abandonado, fuego abandonado»[3] (Anónimo).

Así como lo lees: dentro del matrimonio, jugar varias posiciones no puede resultar muy bueno. Es que cambiar de posición es jugar el rol que el otro debía hacer. No podemos negar que a veces no queda de otra; nos tenemos que ocupar de cosas que jamás soñamos. Pero no puede ser la regla, debe ser la excepción. Ignoramos cuán grave puede ser intercambiar roles. Puede afectar la identidad de nuestros hijos. Ellos crecen mal formados, tanto así que mucho de los problemas que vemos hoy en ciertos niños son causados por esto, al punto de que muchos de esos niños que hoy están en las pandillas son producto de una deformidad familiar. No digo todos, aclaro. Según expertos, muchos están buscando un vínculo familiar. Están

---

[3] Sabidurias.com [http://www.sabidurias.com/proverbio/es/11519/anonimo/campo-abandon ado-fuego-proclamado]

necesitados de tomar el rol que le faltó en el hogar.

Jugar varias posiciones refleja varias cosas:

1. Estás descuidando tu lugar dentro del matrimonio.

2. Alguien puede estar ocupando tu lugar.

3. Corres el riesgo de que tu equipo (familia) pierda el juego (fracases como padre o madre).

4. Estás dejando patrones de conducta equivocados a tu familia.

5. Somos asequibles a ataques del enemigo por dejar nuestro lugar.

Creo que muchos de nosotros en algún momento hemos descuidado nuestro lugar, al igual que un soldado su puesto en la batalla. Y hemos podido sufrir el daño que causa esto. Muchas veces creemos que es más fácil que la pareja sea quien le dé el frente a los problemas sola. Es más fácil que el otro haga nuestro papel. ¿Cuántas veces nuestros hijos quieren que les ayudemos en los deberes o simplemente jugar con nosotros y les decimos «dile a tu mamá», o viceversa, y entonces el niño no sabe a quién acudir? Parece pelota nuestra, pasándola de un lado a otro, y no sabemos que esto puede afectar nuestro modelo de padres o madres para el niño, pues él será fiel copia al original.

Años más tarde, vemos en la familia de nuestros hijos el mismo patrón destructivo de cualquiera de los dos padres, dejando el lugar vacío que ellos debían ocupar. Es decir, una familia dejando un vacío destructivo en la vida de sus hijos.

Debemos tener un cuidado prioritario con los niños, ya que hoy la sociedad nos está vendiendo un modelo de familia no tradicional, no establecido por Dios. Me refiero a la transformación de roles de que papá es mamá y mamá es papá. Sí, hoy en día nos quieren hacer creer que un niño con ese entorno familiar no crece con patrones deformados; conceptos que no están basados en la Palabra de Dios. Un patrón completamente errado. Cuidemos nuestros hogares de esos conceptos permisivos que nos venden a diario con mensajes directos, o indirectamente, cualquiera de los medios de comunicación.

Volvamos a la Palabra de Dios. A sus verdades eternas y profundas, que nos enseñan en realidad cuáles son las bases de la familia, cómo criar a nuestros hijos, cómo ocupar los roles correctos… En fin, el mejor manual que el hombre puede encontrar es la Biblia.

Sí has estado jugando otro rol dentro de tu equipo (familia), es tiempo de volver a tu lugar: retomar lo que perdiste, alcanzar lo que descuidaste. Pídele a Dios que te muestre en cuál de estar áreas has estado fallando. Clama. Dile que te muestre cómo puedes regresar a jugar el rol de madre, esposa, amiga. En fin, ser el modelo de Dios dentro de tu familia. Sí como hombre, por el trabajo, has descuidado tu rol de padre, esposo, o amigo de tus hijos, lo mismo. Dile a Dios: «Ayúdame a ser Tu modelo dentro de mi hogar».

Nunca es tarde para retomar nuestro lugar. Jamás será un desperdicio darlo todo por nuestra familia, hogar, esposa, e hijos. A partir de esta lectura, debemos reflexionar sobre qué lugar hoy estamos ocupando. Volvamos a ser el modelo de Dios dentro del matrimonio.

7. Fidelidad dentro del equipo

> «Me enamoré de mi mujer y nunca más me volví a enamorar. La fidelidad te la propones inconscientemente: tienes una familia, unos hijos. ¿Cómo vas a jugar al amor por ahí?[4]» (Pablo Picasso).

Estas son palabras mayores. Ese concepto escasea en muchos de nuestros vocabularios, donde la infidelidad a Dios, trabajo, familia, esposa se ha convertido en casi común. Sí, no se horrorice, en esta área fallamos bastante. Y fidelidad no es precisamente solo en lo sexual. Está la fidelidad en la palabra dicha a tu esposo (a) y que no cumples. Fidelidad a los principios de Dios dentro de la sociedad, dentro del hogar.

Es bien sabido por todo entrenador que hay algo que no puede faltar en un equipo y es la fidelidad al juego. A la camiseta. A los hinchas. A tu país. A todos los que cre-

---

[4] Literato.es [http://www.literato.es/frases_sobre_fidelidad/]

yeron que el jugador podía. Asimismo, dentro de una relación, hay que serle fiel al juego (vida), camiseta (principios), la gente que cree en ti (familia), a tu país (al Cielo, recuerda que tú no perteneces aquí). Debemos vivir bajo la palabra dada por el Creador de ser fiel a nuestro andar por este mundo, haciéndole honor con nuestras vidas. Si nos gusta ser fieles a una compañía o trabajo en particular, cuánto más debemos serlo a nuestro hogar.

En los tiempos en que mi abuela era joven, todos hemos oído lo que pasaba cuando en una familia de la mafia italiana. Si alguno de los integrantes traicionaba a su «familia», ahí quedaba. Ese era su fin. Hoy nos permitimos serles infieles a todos y cada una de las personas que amamos. Mis amados: hoy no te matan a ti por serle infiel a tu «familia»; hoy tú matas a tu familia cuando le eres infiel a ellos. Al tiempo de estar con ellos. Al incumplir tu palabra de estar en el juego de tu hijo. Cuando no crees importante lo que para ellos sí lo es. Cuando no valoras que ellos necesitan de ti siempre y no ratos en la semana, o en meses, o en años. Cuando no entiendes que las empresas, los trabajos, los negocios pasan, pero tu familia siempre estará ahí. Aunque no siempre estará como la dejaste. Podemos encontrarla amargada, destruida, resentida por nuestra dejadez a la hora de ser fiel a ellos. Es duro verlos crecer sin nosotros, aun cuando están con nosotros.

Principios que debemos tener en cuenta y que deben manejarse en nuestras vidas dentro del equipo

1. Nunca le faltes a una palabra que le diste a tu esposo (a) o hijos. Si le faltas eso, dañará la percepción que ellos tienen de tu fidelidad a ellos.

2. Redimensiona tu brújula de vida y enfócala hacia ellos.

3. Jamás les hagas creer que ellos no son más importantes que tu trabajo.

4. La Palabra de Dios no puede faltar en tu hogar. Eso es imprescindible para el desarrollo, no solo su bienestar, sino para el desarrollo de tu fidelidad en todo concepto hacia ellos.

5. La Biblia, recuerda, definirá la percepción de equipo de tu familia.

6. Cuando un jugador se compromete con el equipo, se queda en él, aunque el equipo esté perdiendo. Jamás abandones a tu familia porque entraron en crisis. Nunca abandonar el barco es una opción.

7. La sinceridad es fundamental en la fidelidad. Los problemas se dialogan con sinceridad, con trasparencia. Nunca mentir será la mejor opción.

8. Recuerda que todo buen futbolista sabe decirle que no a ciertas ofertas por fidelidad a su club. Espero entiendas la moraleja de mis palabras.

9. Nadie, ni nada, puede romper tu fidelidad a tu hogar.

Lo que vaya en contra de eso, o quien atente contra tu integridad dentro del hogar, no te ama. No te respeta. Y menos valora el sacrificio que ellos, tu familia, hacen por ti. Al igual que tú has hecho, desecha cualquier comentario negativo para mantenerte fiel.

10. Retroaliméntate siempre de Dios y Él te dará las fuerzas para seguir adelante y guiar en dirección correcta a tu equipo (familia).

Qué interesante es que el águila calva es un animal que se casa para toda la vida. Es fiel, pase lo que pase, a su pareja. Cuánta sabiduría guarda la creación. Qué lecciones nos da a nuestro paso por esta Tierra. Si ellos siendo animales saben ser fieles hasta la muerte, cuánto más nosotros debemos ser fieles a nuestra pareja en lo sexual, en lo familiar… A nuestros hijos. A nuestra fe. A nuestro hogar. A los principios de Dios dentro de la familia, que jamás debemos olvidar. Si le somos infieles a Dios, casi seguro que lo seremos a nuestro hogar.

Levantemos nuestra bandera de compromiso y volvamos nuestro rostro al Cielo pidiendo ayuda. Volvámonos a la Palabra de Dios, dentro del equipo (familia) para que pueda volver la fidelidad y el respeto. ¡Vamos! Parece difícil, pero no lo es. Con Dios sí se puede.

8. Buscar estrategias es de suma importancia en tu trabajo de equipo

«El éxito se compone en un 20% de habilidades y un 80% de estrategia»[5] (Jim Rohn).

Excelente punto este que vamos a desarrollar. Creo firmemente que, sin estrategias, se han perdido no solo batallas, sino muchas guerras. Es crucial en estos tiempos trazar tácticas que nos ayuden a desarrollar el matrimonio. Es de suponerse que ningún ejército pueda comenzar una guerra si este carece de estrategias que lo lleven a la victoria. Sería un suicidio. Ningún equipo de cualquier disciplina puede salir al campo si no ha trazado un plan de acción a ejecutar en la cancha.

Para ganar, hay que tener estrategias que nos den la victoria. Donde pecamos muchos de nosotros es en creer que sin un plan de acción para cualquier situación podemos sobrevivir. Es de imprudentes pensar que podremos avanzar si seguimos así, dejando todo a la ventura de lo que pueda pasar dentro de nuestros matrimonios.

Un matrimonio que carece de tácticas para sobrevivir tiempos difíciles puede morir. Es todo un arte sobrevivir juntos en un estado de gigantesco estrés; la economía, los niños, las cuentas que pagar… Es bastante duro, pero si

---

[5] *El arte de la vida excepcional*, Jim Rhon.

buscamos estrategias, podemos salir adelante.

No solo la economía. Porque puede estar bien la misma, Lo que hace difícil es vivir un matrimonio feliz en tiempos de crisis. Porque sobrevivir eso es algo que muchas parejas hoy pueden estar haciendo solo tratando de llevar una relación, no disfrutando en sí la misma.

¿Qué podemos hacer o que estrategias usar?

1. No te rindas. No dejes que se te agoten las fuerzas. Busca de Dios. Él renovará a diario tu vida.

2. Entiende que todo equipo pasa por crisis; eso definirá mucho tu perspectiva del matrimonio.

3. Deja que Dios guie tus pensamientos. Deja que el Señor aclare tu mente y puedas ver las cosas claras.

4. Permanezcan juntos. No permitas que nada los divida. En tiempo de crisis, esta es una de las mejores estrategias.

5. Busquen los puntos débiles de los dos y fortalézcanlos.

6. Acorten gastos y confíen más en Dios.

7. No te dejes influenciar por consejos que no vengan con base en la Palabra de Dios. Obvia todo consejo humanista.

8. Cuando uno esté desanimado, levante al otro. Eso fortalece mucho tú relación.

9. No tomes decisiones basadas en emociones. Re-

fresca, ora, piénsalo mil veces. Pero no te apresures a buscarles soluciones rápidas a cosas que te pueden traer problemas permanentes.

10. Jamás el divorcio es una opción visible. Esa posibilidad está muerta. Enfrenten los vientos, pero no se separen.

Estas son algunas estrategias que se deben seguir. Consejos prácticos que pienso te pueden ayudar en el andar diario dentro del matrimonio. Hay miles más, pero la mejor de ellas es que dejemos que Dios nos muestre esas soluciones viables. Que Él nos puede mostrar en cada situación en la que necesitemos ayuda o dirección. Él no nos desamparará, nos mostrará su gracia y saldremos victoriosos en toda batalla. Confiemos en su sabiduría y amor. Eso sí, no te des el lujo de perder la batalla por no buscar estrategias para salvar el día: el matrimonio. Recuerda: un equipo sin maniobras a seguir ya es un equipo derrotado.

Hemos venido hablando en todo este capítulo de nuestra mentalidad de equipo, tratando de sembrar esta idea dentro de la relación matrimonial. Tratando de motivar, de inspirar, de mirar la relación con nuestro cónyuge desde otra perspectiva, dejando frases, ideas, palabras que alarguen la vida útil del matrimonio de hoy en día.

Levantándonos contra todo aquello que quiere desestabilizar el divino deber dentro de una relación tan linda, maravillosa, esplendida, fuerte, como lo es la unión del hombre y la mujer por Dios.

¡Arriba, mis respetables lectores! Saquen sus cuentas. Díganme ustedes:

¿Solos, o en equipo?

CAPÍTULO 2:
PALABRAS QUE LO CAMBIAN TODO

«En la lengua hay poder de vida y muerte; quienes la aman comerán de su fruto» (Pr 18:21).

Debemos tener cuidado con las palabras que decimos. Porque unas producen muerte y otras generan vida. Estos versos bíblicos no los muestran. Expresemos palabras de vida dentro de nuestros matrimonios. Parece ilógico pensar que dentro de la relación matrimonial haya palabras que cambiarán el curso de esta para bien. Palabras que impactarán el destino de la vida de mi cónyuge. Palabras cargadas de amor, dulzura, voz propia. Estas marcan la diferencia entre un antes y un después en mi relación.

Sí, mis queridos lectores: se puede cambiar todo el panorama que hoy puedes estar viviendo en tu matrimonio con solo moverte en la dirección correcta, hacia donde Dios quiere que vaya tu matrimonio. ¿No fue acaso el mundo creado por la Palabra de Dios? Sí, Él quiere que creemos un nuevo mundo en nuestro pasado de problemas por medio de Su palabra, donde comenzará una nueva oportunidad dentro de tu relación.

Las palabras tienen poder para bien o para mal. Con ellas creamos o destruimos el mundo de alguien que podemos llamar el amor de nuestras vidas. Ahora, no quiero referirme al poder mismo de esas palabras, sino al poder que tiene no decirlas dentro del matrimonio. Palabras que nos cuestan comunicarle a nuestra pareja. Palabras olvidadas por nosotros y que, al faltarnos tiempo y sobrarnos orgullo, no queremos decir muchas veces. Veremos algunas palabras destructivas en la relación y después me detendrá en las que nos cuesta decir.

Palabras destructivas, irrepetibles en una relación

1. Tú tienes la culpa

Son explosivas estas palabras. Es como que le echan más leña al fuego. Parece que nada puede detener el poder destructivo que tienen. Sí queremos dañar algo, digamos esta expresión. Seguro que todos la hemos repetido mil veces. Pero sin medir el nivel de impacto que tiene sobre nuestras parejas.

Esta expresión puede ser tan destructiva que puede acabar con la relación más fuerte. Su dolor puede ser agonizante, ya que ofende a la persona hasta el punto de hacerle creer que cualquier desgracia ocurrida fue por ella. Nuestra pareja se ve acosada por nuestros reproches de culpa por esta o aquella situación. Además, reflexionemos: más de la mitad de las veces que culpamos a otros es por nuestro error y no el de ellos.

La Biblia nos manda a buscar soluciones, no problemas. A arreglar las cosas, no a ponerlas peor de lo que están. Creo que no ganamos nada repartiendo culpas cuando en realidad hace falta buscar en Dios las soluciones a lo que estén pasando. Es ofensivo otorgarle la culpa a tu pareja, cuando debemos buscar las causas por las cuales el fallo fue cometido. Encontrando la causa debemos arreglarlo. Tan fácil así. ¿Por qué queremos decirle «tú tienes la culpa» de todos mis problemas? ¿Por qué discriminar así a quién nos ama? Aprendamos algo que Dios quiere enseñarnos antes de echarles la culpa a nuestros cónyuges.

a) Recuerda que tú te equivocas también. Si Cristo te aceptó así, acepta los presuntos errores de tu pareja.

b) No somos jueces de nadie.

c) La culpa no cae al piso. Algún día lo que siembras de dolor por estas palabras se te devolverá cargado de odio. Por eso mismo, evita decirlas.

d) No te das cuenta de que destruyes la autoestima de tu pareja. Dice la Biblia que lo que no quieras que te hagan a ti, no lo hagas tú (*cf.* Mt 7:12).

e) Analízate antes de culpar a alguien. La Palabra de Dios dice que nos examinemos (*cf.* 2 Co 13:5) primero antes de tomar cualquier acción.

f) Puedes destruir todo lo que has logrado por no saber dialogar con tu pareja. Dios quiere que se unan. No que se separen.

Reflexionemos antes de tomar una decisión sobre nuestro matrimonio. ¿Por qué creemos el otro tiene la culpa de algo? Midamos con precisión las palabras que decimos y lo mal que podemos hacer sentir al otro integrante del equipo. Generalmente es más fácil culpar que avanzar juntos. Es la salida a veces que muchos le buscan a los problemas dentro del hogar. Pero culpar no te solucionará nada. Por el contrario, te creará más situaciones contrarias.

Crezcamos. Enfrentemos la verdad. Pongamos los problemas en su lugar con la ayuda de Dios y cuidemos a nuestra pareja. Alejemos de nuestros matrimonios esas palabras. Niégate a culpar y hagámonos el firme compromiso de luchar contra el síndrome de que la culpa es del otro.

2. No me gusta tu aspecto físico

No está mal que ella o él se arregle esto o lo otro. No tengo nada en contra de eso. Solo quiero extirpar esos comentarios innecesarios que hacemos con otros objetivos a nuestras parejas y que provocan malestar en el matrimonio. Me refiero a ese malhumorado comentario de «arréglate aquí o allá porque no me gustas así», porque alguien de la TV se ve bien así y no se está conforme con la pareja que se tiene, al punto de que queremos que sea otra persona que no es. Es tangible el deseo del hombre actual de más y más perfección en su cuerpo. Ok, no hay problema con eso, pero la situación empieza cuando despreciamos a nuestras parejas con estos comentarios, haciéndoles sentir feos o feas.

Estoy seguro de que, más de lo que creemos, nos hemos sentido casi con *bullying* dentro del hogar por nuestros físicos. Que si es gordo (a) flaco, alto, bajita, con pelo de tal color, o con características propias de su personalidad. Pero a veces no estamos conformes con la pareja y le hacemos sentir muy mal.

Quisiera hacerle entender que la pareja que tienes Dios te la regaló. Valórala. Respétala. Cuídala. Defiéndela por lo que ella es para ti y no por su aspecto físico. Está muy bien un físico atlético y chévere. Pero no vayamos a los extremos de hacer sentir a nuestra pareja como la persona equivocada a nuestro lado. Porque no es como tú quisieras. Si es así, revisa tus sentimientos hacia esa persona porque algo anda mal. Repito: está bien hacer deporte por salud, por estética, por mejorar. Todo ok, pero no obligues a tu pareja a cambiar porque no estás conforme con lo que ella es.

Empecemos a valorar a nuestras parejas por esos valores que no se ven. Por esas preciosas cosas que, aunque invisibles al ojo humano, son perceptibles a los ojos del alma, a los ojos del amor.

Rescatemos el amor que mira dentro. El amor que, al igual que el de Dios, no mira el aspecto físico. Ama y punto. Te ama porque, aunque no seas las más preciosa o precioso del mundo, a Dios no le importó eso y dio a Su Hijo por ti sin medir consecuencias. Él no te miró como otro lo hace. Al contrario, te amó y lo dio todo por ti. Con ese mismo amor, ama a tu pareja. La Biblia dice que, como Cristo amó a la iglesia, así debemos amarla (*cf.* Ef 5:25). No porque Él quiera que tú seas otra persona, sino porque te ama sin condiciones.

Revisemos los principios que Dios nos enseña en Su Palabra para poder amar como Él lo hace con nosotros. No dejes que el *bullying* de pareja te afecte. No dejemos que nuestras parejas se sientan menospreciadas por nosotros, que sientan que necesitamos otra persona junto a nosotros. Mostremos el amor que quiere que la pareja se supere, o se arregle. Pero que, con arreglos o sin ellos, nuestro amor no cambie. De verdad me pregunto qué sería de muchas parejas si no existieran los cirujanos plásticos. Espero que podamos valorar un poco más lo interior y menos lo exterior. Que veamos lo que nuestras parejas son para Dios; parejas importantes, maravillosas, guapas, a la imagen de Dios. ¡Abajo el desprecio dentro del matrimonio por un físico que no cumple los estándares modernos!

3. Mejor no me hubiera casado contigo

Qué palabras estas, ¿verdad? Siempre dichas por alguno de los dos, inconformes por algo dentro de la relación. Palabras hirientes, duras, mortíferas y aún más, dichas de la persona que uno ama. No sé por qué a veces son las palabras que más salen de nuestras bocas, cuando nos molestamos y no entendemos que son TNT dentro de cualquier relación. Hacen explotar al más pasivo.

También las utilizamos para herir, conscientes de ellas. Porque muchas veces sabemos con toda intención el daño que ocasionan. ¿Por qué utilizarlas como una salida a una discusión o tomarlas para provocar ira en la otra persona? La pregunta, más bien, sería: ¿Nos gustaría a nosotros que cada vez que nuestra pareja se enoje nos diga que fue una mala decisión el haberse casado con nosotros? ¿Será que nos gustaría que nos dijeran que hay por ahí mil mejores que nosotros? Porque ese es el mensaje que le enviamos a nuestra pareja cuando decimos eso.

La Biblia nos manda a amar y respetar a nuestra pareja. A cuidar esa relación. Dice Proverbios 18:22 que «el que encuentra esposa encuentra el bien». Eso es lo que encontramos cuando hallamos a nuestras parejas; el bien, un bien maravilloso que no es una carga, ni nada parecido. Muy al contrario, es una bendición muy grande. ¿Por qué decir «no eres la indicada o el indicado»? Recuerda: no hay hombres o mujeres perfectas. Sin embargo, Dios permite que dos personas imperfectas se junten para que con Su ayuda se perfeccionen.

En mi país hay una expresión para el matrimonio y reza así: «Esa es la cuchara que tú buscaste para comer, pues come con ella». Significa que, si a esa persona tú la escogiste, ahora después de estar casado no le encuentres los «peros» y los «contras», pues tú la elegiste así. Mucho menos utilizar palabras que hagan sentir a esa persona la más inservible del mundo. Porque nuestro egoísmo no nos da para amarle y respetarle, como Dios manda. Pensemos con detenimiento estas palabras. Repitámoslas bien a nuestros oídos. Se escuchan feas, ¿verdad? Así como se escuchan suelen sonar en el alma de la persona a la que se las dices para lastimar.

¿Por qué llegar a esto dentro del matrimonio? Controlemos el enojo. Busquemos la sabiduría de Dios para que nos muestre lo importante que es la persona que está a nuestro lado. No debemos ofenderla y menos desvalorizarla con palabras hirientes. Es tiempo de darnos cuenta de que esa persona que tenemos a nuestro lado sí es la persona con la que siempre nos debimos casar. Es la indicada para nuestras vidas, con virtudes más que con defectos. Cargada, sí, a veces de ciertas cosas, pero recordemos: cuando todos se han ido, ¿quién está ahí para nosotros? Cuando enfermamos, ¿quién nos cuida? ¿Quién nos da aliento? ¿Quién, con consejo incluido, nos apoya cuando queremos tomar una decisión? ¿Quién, cuando todos nos dan la espalda, está ahí? Esto debemos pensar antes de llegar a decir expresiones como «mejor no me hubiera casado contigo».

4. Me divorcio

Vaya, parece que la realidad mundial se trasladó a un papel. ¿Por qué son estas palabras las más comunes dentro de una relación que enfrenta a diario problemas, o la palabra de moda? Hay quien se casa solo para divorciarse. Parece extremo, pero solo con investigar un poco, nos daremos cuenta de que el matrimonio de algunas celebridades ha durado muy poco. En algunas, hasta solo dos días; en otros casos, hasta menos. Sí, esas que nos encantan, y que seguimos a morirnos, nos dan un muy mal ejemplo sobre qué es el matrimonio y la bendición de poseerlo.

Pudiéramos llenar miles de volúmenes acerca de lo que creen sobre el divorcio. Y respeto mucho sus criterios, pero no me dejo persuadir tan fácil con pensamientos modernos, como esas teorías de que «no somos compatibles», «él que coja su camino y yo haré mi vida» y cosas así. Se necesita más que una excusa para destruir una institución como lo es el matrimonio.

Ahora cambiemos de palabras. Dejemos de utilizar la palabra «divorcio» como si eso solucionara algo. Lejos de arreglar la relación, la destruye. Enfurece más a la otra persona. La utilizamos muchas veces para presionar al otro. Y te cuento que para nada funciona. ¿Qué buscamos cuando la decimos? Molestar, presionar, que la pareja se sienta amenazada… En fin, ¿qué buscamos al decirla?, ¿qué ganamos con repetirla? Para nada es provechosa dentro de una relación.

¿Qué pasa? Es la puerta de salida de muchos para no tener que enfrentar los problemas juntos. Es más fácil decir «me divorcio» que reconocer nuestros errores. Es la salida rápida, sin medir las consecuencias que eso puede desencadenar. Cuando nuestros hijos crezcan y las repitan en sus vidas, ahí veremos el dolor e impacto que tuvieron nuestras palabras, que se convirtieron en acciones en ellos.

Eliminemos todo vestigio de esas expresiones, que más que simples palabras, se convierten en hechos muchas veces. Hechos que destruyen todo un hogar. Hechos sin razones viables, pero hechos al fin. Alejados de la verdad de Dios. No permitamos que nuestra pareja se acostumbre a escuchar estas ideas, de tal modo que ya no las pueda tomar en serio. Solo le invito a reflexionar y a que usted pueda, por su cuenta, hacer un inventario de lo que esta clase de expresiones pueden causar en nuestros matrimonios. Que nuestros hijos en el futuro puedan decir a todos en mi hogar: jamás se escuchó la frase «me divorcio».

Palabras que pueden edificar una relación exitosa

1. Tienes razón

No nos gusta reconocer que muchas veces nos equivocamos. Nos gusta ser el centro muchas veces y creernos los de la última palabra dicha. Es un dolor casi de muerte, en nuestro frágil orgullo, cuando nos damos cuenta de que la otra parte justamente tenía razón en lo que nos decía. Parece gracioso. Pero puede llevar a muchas relaciones a desesperarse y a tomar decisiones difíciles para ellos, cuando de ninguna parte se escuchan esas palabras de aprobación. No, nos gusta reconocer nuestro error. Pero, darle la razón a quien la tiene, jamás; peor aún aceptarlo.

Esta es un área donde trabajar. Debemos ser conscientes de nuestros errores. Consciente de cuán importante puede ser para tu pareja que le digas: «Mi amor, tenías razón en lo que me dijiste». No porque ella o él se vayan a suicidar si no la escuchan. Pero sí porque para el otro puede ser una señal de aprobación, de que tú la estimas y estimas sus palabras.

Recordemos que lo que para uno puede ser importante para el otro no. Pero debemos respetar esa parte de nuestro cónyuge que le gusta escuchar: «Mi amor, tenías razón». Puede sonar como a nada, pero hacen un eco profundo en la autoestima de tu pareja. Pueden salvar incluso nuestras relaciones de un colapso. Salgamos de cualquier marco que nos esté impidiendo reconocer cuando, dentro del matrimonio, nuestra pareja nos aconseja con la verdad y nosotros, por orgullosos, no queremos decirle: «No te equivocaste, fue cierto». Estas palabras son un buen indicador de que la relación va por buen camino. Por eso, la próxima vez que te digan algo y se cumpla lo dicho por tu pareja para ayudarte, ya sabes cuáles son las palabras mágicas que debes decir, ¿verdad?

2. Te amo

Esta expresión es todo un enigma para algunos. No saben cómo decirla, o en qué parte de la relación decirla. Es todo un reto escribir sobre ella y no sé si saldré bien parado después de este punto. Lo digo por el criterio de los que leen. Porque seguro que tendrán sus ideas sobre cuál cuándo decirla. Ahora no quiero explicar cuál es el mejor momento para utilizarla. Solo quiero que la aprendan a decir a sus cónyuges. Tan claro como el agua. Quiero aprendan a decirla a sus parejas. Tan real como se puede leer. Tan cierto como el mar puede ser. Tan importante dentro de la pareja como el aire que respiramos.

Es que no sé qué puede haber de difícil en repetir cada mañana al despertar «TE AMO, eres lo mejor para mí». No me juzgue. La ausencia de estas palabras tiene más de un muerto. Es uno de los asesinos más crueles dentro de la pareja. No escuchar del ser que más amas «TE AMO» es duro. No valoramos el peso que esta palabra tiene dentro de nuestros matrimonios. Somos inconscientes de lo maravilloso que puede ser escuchar a tu pareja decirlas. Ver en esos ojos lindos y en esa boca plena un «TE AMO» es como un regalo caído del cielo.

Toda relación no crece así, por sí sola. Su crecimiento es salvaje, asilvestrado. Hay que alimentarla y cuidarla. Esta expresión es comida saludable, un alimento nutritivo en toda relación. No hablo de repetirla tanto que pierda su valor. Pero sí dejar ese miedo a comunicarla, permitir que Dios nos dé la fortaleza de poder decirla a nuestra pareja. Porque me pregunto: ¿para quién la guardas?, ¿para qué ocasión? Digámosla ahora. Que nuestra pareja se sorprenda al escucharla decir. No dejemos que nuevas tendencias modernas nos despojen del poder vivificador de un «TE AMO». Quisiera pidieras a Dios te despojara de todo lo que te impide decirlo a tu esposa (o). ¿Sabes lo que puede restaurar eso dentro de nuestros matrimonios? ¿Como se pueden arreglar ciertos problemas que permanecen por la ausencia de un TE AMO en la vida de tu cónyuge? No esperes. A partir de hoy, empecemos a practicar diciendo más seguido: «TE AMO».

3. Con Dios podemos

Estas palabras no pueden faltar en ninguna relación,

pues sin Dios en el matrimonio este carece de su sentido original. Puede sonar cursi decirlo, hasta ridículo pensarlo para muchos. Pero, ¿cómo vamos a hacer triunfar un matrimonio si no tenemos al Creador del matrimonio con nosotros? Es como comprar una televisión y no revisar el manual de cómo funciona. Sí, los muy sabios en su opinión podrán alegar que es fácil apretar dos o tres botones y ya todo está bien. Ahora, la teoría de tocar el botón *power* y que encienda la televisión no te da el conocimiento pleno sobre ella. Muy al contrario, puedes estar pasando por alto pasos simples que pueden ayudarte en su funcionamiento; así mismo es en el matrimonio. Cuando no queremos consultar al fabricante (Dios), puede traernos graves problemas. Con solo leer el manual (Biblia), nuestros matrimonios funcionarán muchísimo mejor. Nos podemos estar pasando por alto principios sencillos para que nuestros matrimonios sean bendecidos, simplemente por obviar el manual, y peor, al fabricante del matrimonio: Dios.

Dios no es una opción dentro de la pareja. Es una parada obligatoria en la carrera de la vida. Todo dentro de la familia carece de vida, color, paz y propósito si Dios no está en medio de ella. El matrimonio no se trata de tu pareja y tú. Se trata de tres: Dios, tu pareja y tú.

¡Qué fácil puede ser llevar la relación cuando los principios de Dios están dentro de ella! De seguro más fácil que sacando a Dios, cuya exclusión puede ser fatal. Es un caos vivir sin las enseñanzas de Dios en el matrimonio. El orgullo, la prepotencia, la falta de perdón, la traición y muchas más pueden apoderarse de nuestras vidas si no dejamos que Dios no solo sea el Señor de nuestros matrimonios, sino el Señor de nuestras vidas.

Es imposible llevar a puerto seguro nuestro matrimonio si Dios no hace la entrada triunfal en nuestras vidas. Vivimos tiempos duros, difíciles, donde la mayoría de los matrimonios están en crisis. Pero aquellos que sean sabios y traigan a Dios sus relaciones no solo dejarán la crisis a un lado, sino que salvarán sus almas, salvarán a sus hijos de un futuro incierto. El Creador del matrimonio quiere que le preguntes por qué no está funcionando el tuyo. Quiere que le consultes cómo hacer las cosas correctas. Cómo perdonar lo imperdonable a los ojos de una sociedad que día a día se desmoraliza más y más. Tu Dios quiere que cuentes con Él. Él nos ha regalado Su palabra, libro maravilloso e indescriptible. Lleno de consejos que no pasan de moda. Lleno de principios saludables. Valores que realzan la vida victoriosa de un matrimonio feliz. Un matrimonio que puede tener momentos de crisis, pero sabrá salir adelante buscando en la Palabra de Dios y confiando en su divina sabiduría.

La diferencia de una relación que tiene a Dios y la que no la tiene es abismal. No porque una sea mejor que otra, no es cuestión de mejor o peor. Es que sin Dios en nuestras relaciones todo es más propenso a ser destruido. Nos desvalorizamos, menospreciamos y destruimos todo a nuestro alrededor. Porque no digan que el «divorcio» no es la palabra de orden de muchas naciones hoy. ¿Y a qué se debe? No es más que para sacar a Dios de muchas de ellas. Es olvidarse del Creador del matrimonio. Por muchos psicólogos que busquen, es Dios lo que les falta. Nada podrán arreglar si siguen sin Dios.

Hoy traigamos de vuelta a Dios a nuestras vidas. Si nunca lo has conocido, hoy te invito a que sea el Señor de tú vida y familia. Dile a Dios: «Perdóname por mis pecados y faltas te pido perdón y quiero inscribas mi nombre en libro de la vida. Hoy te acepto como mi Señor y Salvador. Amén». Esa es la mejor decisión que puedes tomar. Si ya lo tienes, te invito a que le digas: «Ayúdame, porque he estado haciendo las cosas mal, necesito dirección en mi matrimonio. Y que me ayudes a recomponerlo porque está en crisis. Amén».

Después de dicho esto, solo queda, con la ayuda de Dios, empezar a caminar con Él y, a través de su Palabra, aplicar Sus principios, y veremos una mejoría grande en nuestras vidas. Atentos a lo que Dios empezará a hacer en nosotros. Tengamos siempre presente que Dios no es una palabra de la cual podamos prescindir en el matrimonio. En el portal de «Uno más para Cristo» se publicó una frase que decía:

> «Si quieres tener un matrimonio feliz,
> deja que Dios sea parte de él».

No demanda comentario esa frase. Describe la realidad de lo que necesita un matrimonio para que sea feliz. No dejemos de repetir «con Dios podemos» y estas palabras marcarán el curso de sus vidas.

4. Perdóname, mi amor

Este es un tema neurálgico, «candela» dirían en mi país. Esta palabra es un muerto eterno dentro de las relaciones. Esta se parece al «te amo». Da miedo decir «perdón», es como que nos desmoraliza esa palabra dicha al otro. Vivimos tan rodeados de orgullo, vanagloria y cosas efímeras que pedir perdón es un delito ya. He escuchado el adagio «los hombres no piden perdón» y, últimamente, tampoco las mujeres. Es una locura vivir hoy con conceptos tan destructivos para la pareja.

Es penoso ver matrimonios destruidos por la falta de perdón. ¿Es que acaso no nos damos cuenta de que es más fácil pedir perdón que terminar la relación? También puedo entender que nuestro orgullo impide muchas veces que se lo pidamos a nuestras parejas. Es muy común en nuestra sociedad decir «que lo perdone Dios, no soy nadie para perdonar». Una idea muy retrograda y contraria a la Palabra de Dios. No es eso lo que puede hacer feliz a tu matrimonio. Nosotros debemos perdonar. Es nuestra decisión. No es una opción el no perdonar. ¿Cómo podremos decir que amamos si no perdonamos? Porque la base del amor es el perdón. Si no, miremos a la cruz. Allí nuestro Señor, sin razón alguna, ocupó nuestro lugar para que nosotros hoy tuviéramos vida. ¿Quién somos nosotros para no perdonar si fuimos perdonados? Perdonar es divino, pero otorgado a los mortales. No podemos decir «no puedo perdonar». Sí puedes. Con Cristo, puedes alejar de ti el rencor ese por lo sucedido en el pasado.

Es difícil, no es mentira, haber sido maltratado, abusado, u ofendido en todos los sentidos. Pero se puede perdonar a esas personas. Con Cristo podemos arrancar de nuestros corazones ese dolor de haber sido golpeada (o) u ofendido, y aún más cuando es nuestra pareja. Sí, podemos reconciliarnos con ellos. Pero es una decisión que debemos tomar. No puede nadie tomarla por nosotros y sé que muchos dirán: «No sabe usted por lo que he pasado, mi vida está destruida, pero yo te digo con Dios se puede arreglar ese corazón». Dios nos puede devolver toda esa felicidad que el dolor de no perdonar a la persona amada nos causa. No hay nada que no puedas perdonar y puedas recomenzar dentro de tu matrimonio. Solo queda el reconocer que la perdonamos: decírselo y perdonar.

Hay algo que nos puede negar la bendición de ser felices. Es el silencio de no decirle «mi vida, perdóname». Esas son palabras libertadoras para tu pareja. El silencio puede ser tu peor enemigo. Debes decirlo: «Perdóname». Puede costarte, pero dilo. No te dejes vencer por lo malo, sino véncelo con el perdón. Olvídate de cualquier cosa que te haya dicho acerca de no perdonar. No le hagas caso. No dejes que el silencio de tu parte destruya el corazón de tu pareja. Ella necesita escuchar que tú le pides perdón. Eso es refrescante. No solo para tu pareja, sino para la relación. Por mucho que hagan todo, si no hay perdón, no vivirán jamás un matrimonio feliz. Muy por el contrario, vivirán sacándose, como dicen, «los trapos sucios». Y lo que se puede enmendar con «perdóname», cuando no lo hacemos, se puede convertir en un infierno en el hogar. Veamos algunos versos de la Biblia, que nos ayudarán entender el perdonar desde el amor mismo.

> «El amor es sufrido, es benigno; el amor no tiene envidia, el amor no es jactancioso, no se envanece; no hace nada indebido, no busca lo suyo, no se irrita, no guarda rencor; no se goza de la injusticia, mas se goza de la verdad. Todo lo sufre, todo lo cree, todo lo espera, todo lo soporta» (1 Co 13: 4-7).

a) Sufrido: cuando se ama, se es paciente, se acepta como es la persona, la toleras. En fin, la amas, la perdonas. Por eso es sufrido.

b) No guarda rencor: ahí está la clave. NO guarda rencor. Traducción: si perdonas, no saques en cara lo de hace años. El rencor da evidencia de una falta de perdón. Es una puerta abierta a la destrucción de tu relación. Perdonar es olvidar completamente. Nunca más acordarme de eso.

c) Todo lo soporta: El amor verdadero soporta todo.

Pide cambios, pero ama a pesar de lo que pase. Y de ahí sale el verdadero perdón de soportarlo todo. Es de aplaudir las parejas que se soportan TODO. Esto nos habla del alto nivel de perdón que hay en los dos y de cómo saben cuidarlo para el bien de ellos. Nos da entender cómo ellos cuidan su corazón del rencor; por eso lo soportan todo.

Unas frases interesantes para reflexionar sobre el perdón

«No te dejes engañar, perdona. El rencor es el arma de los que no tienen razón ni corazón».

«Mas si no perdonáis a los hombres sus ofensas, tampoco vuestro Padre os perdonara vuestras ofensas» (Mt 6:15).

«Aquel que no puede perdonar a otros, destruye el puente sobre el cual debe pasar él mismo» (George Herbert).

Espero que entiendas que la falta de perdón destruye tu matrimonio. La amargura te hace mucho daño. Y no solo a ti, sino a tus hijos. Creo que debemos dejar ir el dolor y permitir que Dios sane nuestros corazones. Empecemos a jugar de otra manera ese juego. Amemos cuando recibamos dolor. Perdonemos, aunque otros crean que no lo podamos hacer. Reencontrémonos con nuestro Señor y dejemos que Él nos llene más de Su amor para con nuestra pareja.

Si no das perdón, eso recibirás: falta de perdón. En eso vivirás. Y cuando desees ser perdonado, no lo recibirás. Porque eso fue lo que sembraste. Y además veremos consecuencias en nuestros hijos, por nuestro orgullo de no otorgarle el perdón.

Digamos con fuerza y amor «perdóname» y verás cómo todo puede cambiar en tu matrimonio. Digamos adiós al rencor. Extirpemos las diferencias que provocan la falta de perdón. Amemos y dejémonos ser amados. Pero, para eso, recuerda que primero debemos decir «perdóname, mi amor».

Vimos palabras que pueden destruir nuestra relación y palabras que la pueden ayudar mucho. Sé que faltan muchas más. Pero espero que Dios nos dé la sabiduría necesaria para poder salvar nuestros matrimonios, o por lo menos, arreglar aquello que hoy está mal. Nos faltarían millones de palabras, pero he querido solo tocar aquellas de mayor importancia. Estoy seguro de que nos ayudarán mucho en nuestro matrimonio. Nos fortalecerán en nuestras relaciones. No deje que se lo cuente nadie más. Empiece, con la ayuda de Dios, a decir estas palabras, y verá milagros increíbles en su matrimonio. Vale más empezar tarde que nunca.

Capítulo 3:
Amor con A mayúscula

«Las casadas estén sujetas a sus propios maridos, como al Señor» (Ef 5:22). «Maridos, amad a vuestras esposas, así como Cristo amó a la iglesia, y se entregó a sí mismo por ella» (v.27).

Maravillosa expresión. Porque el amor con A mayúscula es como debe escribirse y vivirse. Escribiendo este libro Dios me confirmo a través de muchas señales que los títulos de los capítulos eran los que él quería, pero especialmente con este fue extraordinario. Cada vez que leía su nombre me daba una fuerza para seguir adelante a pesar de que estuviera afrontando cualquier situación. Era una paz de parte de Dios sobrecogedora.

Son miles las definiciones de la palabra «amor» que podemos encontrar a lo largo y ancho de nuestro planeta. Y no solo definiciones, sino la manera de expresar el mismo. La palabra «amor» es común para muchos y le atribuyen cada cosa: homicidios, pasiones, brutalidades, locuras… Todo lo hacen en el nombre del «amor».

Ahora, si me permiten, quisiera mostrarle un poco mejor que el amor en el matrimonio se escribe con A mayúscula. ¿A que me refiero con esta expresión? Me refiero a aprender del amor de Dios para nosotros y redefinir nuestro concepto de amor. Quisiera mostrar que el amor de Dios hacia nosotros se escribió con A mayúscula y, por eso, el amor hacia nuestra pareja debe ser igual. Teniendo tan semejante imagen del verdadero amor, podemos hacer algunos cambios que nos ayuden a mostrarle a nuestra pareja cuánto en realidad le amamos y hasta dónde.

Veamos los apellidos de la palabra amor, que la convierten en amor con A mayúscula. Palabras que hacen grande al amor. Sin ellas estamos escribiendo un amor con minúsculas. Es decir: amor pequeño, amor egoísta, amor sin sacrificio, amor temporal y muchas cosas más que estaremos tratando.

1. El amor es incondicional

El primer apellido del amor es incondicional. Este es esencial, mis amigos. Dentro de una relación tiene que permanecer este principio. ¿Qué es amor incondicional? Es amor que no pone condiciones para amarte, respetarte, honrarte y estar a tu lado. Miremos a la cruz. Esa imagen de nuestro Señor muriendo nos da una profunda idea de lo que es amor sin condiciones. Nos muestra que no hay nada en nosotros digno de que nuestro amado Dios entregara a su Hijo, pero aun así lo dio para nosotros sin exigirnos nada a cambio.

Amemos a nuestra pareja. Hagámoslo sin condiciones, no poniendo excusas, como «si tú cambiaras me quedaría contigo, pero no puedo». Esas son palabras comunes en la vida de muchas parejas que han roto el matrimonio. Se escudan detrás de que, si la otra persona no hace esto o lo otro, no pueden seguir. Perdóneme: ese amor no se escribe con A mayúscula. Muy al contrario, con minúscula y bien borroso.

Dios no pone condiciones. Te ama y punto. Jamás encontramos un Dios que te dice: «tú cambias y entonces te amo». Jamás podemos ver al Jesús de la Biblia diciendo mi amor está condicionado a si ustedes me aman o no. Muy al contrario, Él nos ama, aunque no le amemos. Su gran amor no está limitado a tu amor hacia Él, sino a Su amor hacia ti. Así debería ser nuestro amor por la otra pareja. Nuestro amor no debe estar reducido a lo que el otro sienta por nosotros, sino a lo que nosotros sentimos por ella. Un amor libre de estar atado a conceptos banales de lo que es amor en realidad. Cuando amamos, no fijamos condiciones. Amamos y punto. Amar no está sujeto a que la otra persona sea fea, bonita, alta, baja, gorda o flaca. Cuando amamos, estamos felices con nuestro cónyuge a pesar de su figura o profesión. El amor con A mayúscula no desvaloriza a la otra persona. La realza. Se siente orgullo de poder amar a la persona que Dios puso a su lado.

Es tiempo de romper patrones basados en estilos de vida contrarios a la Palabra de Dios y volver a la senda antigua. Hoy nos enseñan una forma de amor que no es para nada la forma correcta de amar que Dios quiere que como pareja tengamos uno del otro. Nuestra sociedad moderna ha cambiado lo eterno por lo temporal. Y no solo eso, ha cambiado lo verdadero por lo falso. Al punto de que a muchos se nos hace difícil poder vivir un amor verdadero con la pareja, debido a esta ola moderna de pensamientos, que quieren descalificar el amor incondicional. Para muchos está pasado de moda: eso «ya eso no se usa», o tiene que ser un «amor con condiciones para que sea amor». Son conceptos de amor vendidos muchas veces por gente que está herida por un fracaso en el matrimonio. No oigamos consejos divorciados de la voluntad de Dios. Él dejo todo por ti. No te puso condiciones. No pongas condiciones tú para permanecer al lado de tú pareja.

Recordemos que nuestro mañana está condicionado a nuestro presente. Si queremos algo mañana, tenemos que construirlo hoy. Si hoy amas sin condiciones, en el futuro tu pareja te devolverá el amor que le supiste dar sin condiciones. Recogeremos nuestra siembra sin condiciones. Hoy podemos estar jóvenes, elegantes, guapos… pero llegará el día donde no lo estemos, y si no pudimos dar de ese amor con A mayúscula, puede ser que no nos guste lo que vayamos a recoger.

Hay tantos ejemplos en el mundo del amor incondicional que solo con mirar la naturaleza tenemos sobradas razones para amar de verdad. Las gruyas de cola blanca oriunda de la india, donde es tomada como un símbolo de fidelidad, son una bella muestra de lo que el amor con A mayúscula puede hacer. Se dice que cuando la pareja de esta hermosa ave muere, la otra sc deja morir de inanición. ¡Cuánto amor por la otra pareja! ¡Qué descripción de amor incondicional! ¡Cómo puede ser el dolor de la perdida de este animalito, que es capaz de dejarse morir si el otro no está en su vida!

Es una gran enseñanza para nosotros la de este animal. ¿Cómo puede ser que hoy, por cualquier cosa, queremos dejar a la pareja? La ofendemos, le gritamos, la minimizamos y queremos decir que eso es amor. Esta ave se deja morir solo por el sentido de pérdida de su pareja. ¡Cómo quisiera que muchos de nosotros poseyéramos este sentimiento de no poder vivir sin el otro! Eso es amor sin condiciones. El amor que hace todo por el otro. No hay condiciones para amar.

¿Quién dijo que el verdadero amor se basa en condiciones? ¿Quién dijo que para poder amar se necesita una gran cuenta en el banco, casa, carro y yate? Para nada. Cuando se ama incondicionalmente, se está en las buenas, en las malas y en las peores. Pero jamás se abandona la pareja amada. El matrimonio está basado sobre un pacto y ese pacto es indestructible. Es un pacto basado en el amor de Dios sobre nosotros. Sería bueno que ahora pudiéramos decirnos en el matrimonio: «Yo te dejaré de amar el día que Dios me deje de amar». ¡Cuántos matrimonios lo pensarían dos veces antes de disolverse! Sería una gráfica viva del amor incondicional.

Volvamos a amar con la perspectiva divina. Amemos sin pedir nada a cambio. Amemos sin condiciones. Siempre que vayas a poner condiciones para que tu matrimonio funcione, pregúntate qué condiciones Dios te puso a ti para amarte.

Quiero aclarar: no digo que dentro del matrimonio no haya reglas que ayuden el funcionamiento de este. No hablo de eso. Hablo del amor que no se basa en las condiciones materiales y físicas exigidas por muchos de nosotros. Porque cuando uno ama no pone condiciones para estar junto a su pareja.

2. Amor con negación

El amor en este aspecto es el más odiado por nosotros. Cuando queremos algo para nosotros, lo hacemos con gusto. Pero cuando debemos hacerlo por alguien más, ahí es donde la pelea interior comienza. Cuando debemos negarnos a nosotros por alcanzar nuestros sueños o metas personales, lo podemos hacer con placer, pero cuando debemos negarnos a nosotros dentro de la pareja, ahí cambia todo el panorama. Nos pueden pedir sacrificios por nuestras metas, pero por las de otros, aunque sea nuestra pareja, muchos dirían: «eso no va conmigo». Es fácil renunciar a cosas para nosotros, pero duro renunciar para que nuestra pareja crezca profesionalmente o en cualquiera área de su vida.

El denominado «amor moderno», es decir, el amor del «hoy», carece de sacrifico por el otro. Hoy todos están tan concentrados en sus «vidas» que no hay tiempo para el otro. Somos una sociedad egoísta, machista, feminista y todos los «ista» posibles. Lo que marca tendencia no son ejemplos precisamente de matrimonios que se niegan el uno al otro. Para nada vemos a los medios de comunicación estimularnos a hacer matrimonios en los que pueda dejar de crecer uno para que el otro «suba» en su vida. Es más fácil mostrar un modelo de vida donde «cada cual debe tener su espacio» y donde el otro solo me interesa para sexo, economía, vida social y pantalla a todo el mundo. Pero, un matrimonio donde uno de los dos es capaz de sacrificar su vida por el otro, eso se están extinguiendo.

Corramos a los pies del Rey de nuestras vidas para encontrar en la cruz el mayor ejemplo de negación a uno mismo que el hombre en toda su historia puede encontrar. El hombre moderno necesita sentarse a los pies de aquella cruz del Salvador y aprender allí acerca de la negación. El matrimonio es una constante negación del uno para que el otro se desarrolle, avance y triunfe. Para que alcance su sueño. Hay algo que debemos saber cuando, dentro de la pareja, nos negamos a nosotros mismos.

1. Tu pareja no solo verá tu amor, sino que hará lo mismo por ti. Porque lo que das lo recibes.

2. La negación de tu yo es una puerta abierta a la bendición de Dios a tu hogar.

3. Los conflictos se podrán morir de hambre porque la discusión amigable e inteligente no faltará en tú matrimonio.

4. Le das vida a tu relación. Porque cuando no queremos negarnos a nosotros mismos estamos dando por sentado que no queremos que la relación siga. Porque tu pareja demandará de ti una solución y, como no quieres entregársela, eso fracturará la relación.

5. Vale la pena ceder, si eso nos lleva a triunfar como familia.

6. Negarte no te hace peor que los demás. Al contrario, te hace grande. No solo en tu matrimonio también delante Dios.

7. Nuestros matrimonios serán más fuertes, sólidos y un ejemplo a los demás.

8. Nuestros hijos verán un modelo diferente a todo aquello negativo que les enseñan y darán continuidad a nuestros legados de un matrimonio exitoso.

9. Negarse habla más de nuestras vidas que mil palabras dichas por nosotros.

Este camino es difícil al igual que tortuoso. La negación a nosotros mismos dentro del matrimonio puede costarnos, pero vale la pena. Tendremos muchísimos detractores. Habrá personas que nos criticarán. Estaremos sometidos a la burla por aquellos que a lo mejor ríen en público, pero lloran en secreto la desdicha de un matrimonio roto. Como sea que nos traten de hacer sentir o lo que sea que nos digan, sigamos adelante a pesar de todo o de todos. Con Cristo se puede salir adelante y más cuando lo hacemos para que nuestra familia triunfe.

3. Amor con pasión

Este es uno de los puntos más importantes, creo, dentro de nuestro amor por la pareja. El amor con pasión es bastante escaso hoy en muchos matrimonios. La «pasión» a la que me refiero no es el deseo desenfrenado de acostarse con otra persona que no sea tu esposa. Sí, porque hoy, cuando somos infieles en el matrimonio, queremos justificar dicha aventura diciendo fue un momento de «pasión». Me refiero a esa «pasión» que sentimos cuando amamos algo locamente. Me explico: es esa adrenalina que sentimos al ver un partido de futbol, o de beisbol, esa pasión de hincha. Quisiera traer a nuestros matrimonios esa pasión que te hace moverte, pensar, hablar, luchar; esa pasión que nos hace convertirnos en médicos, por ejemplo, y no queremos otra cosa que no sea hablar de medicina o estar en el hospital viendo personas para ayudarle; esa pasión que nos desvela ante una computadora para estudiar lo que amamos. Es trasladar a nuestros matrimonios todo ese poder que volcamos en lo que más amamos. Es redireccionar nuestra pasión hacia dentro del matrimonio y no hacia fuera.

A veces gastamos lo último que tenemos en el bolsillo en ir a un partido de futbol el domingo. Sacrificamos lo que sea para estar en el partido con los amigos. Ahora, ¿con esa pasión tratas a tu pareja?, ¿eres capaz de arreglarlo todo para estar con ella? ¿O simplemente nuestra pasión por el matrimonio no llega hasta ahí? Quiero hacer notar cómo gastamos fuerzas, energías y tiempo en otras cosas que no son el matrimonio y volcar toda esa pasión por lo que sea que amemos con locura hacia nuestros hogares. Todos hemos tenido algo que amamos con locura, por lo que nos brillan los ojos al verlo. Algo que nos mueve desde adentro y por lo que somos capaces de luchar a tiempo y fuera de tiempo. No medimos en recursos, tiempo o sacrificios para alcanzarlo. A eso se le llama «pasión».

La pasión dentro del matrimonio puede traer beneficios grandes. Porque cuando lo damos todo con entusiasmo —amor, sacrifico sin límites a lo otra pareja— algo grande comienza a suceder dentro de nuestros matrimonios.

Ahora sé que a veces se pierde la pasión dentro de la pareja y todo parece rutinario. Quiero darte unos tips para recuperar la pasión en la relación con tu cónyuge.

1. Empieza pidiéndole a Dios que te muestre cómo traer pasión a tu matrimonio, Él nos amó con locura, y te dará lo suficiente para que tu matrimonio vuelva a ser el mismo de antes, o aún mejor.

2. No dejen que la rutina los destruya. Mátala con algo diferente todos los días.

3. ¿Qué tiempo hace que no cenan juntos, solos y sin apuro de tiempo? Analiza, y si hace más de dos días, háganlo ya.

4. Entrega todo de ti. Cambia los planes que tenían y sorprende a tu pareja con algo inesperado: una dosis de cariño, amor, palabras románticas nunca antes dadas.

5. Enfócate en lo que en realidad le gusta a tu pareja en cualquier área y hazla sentir feliz.

6. Trae una alta dosis de romanticismo al matrimonio. Esto ayudará a estimular la pasión de ambas partes.

7. Pasen más tiempo juntos. Evita ser interrumpido. Apaga el teléfono, desconéctate del mundo y conéctate a tu matrimonio.

8. Haz lo necesario y hasta lo imposible para avivar la llama de la pasión. Envíale un mensaje de texto diciendo «te amo», una llamada inesperada solo para decir «eres lo más importante para mí». Cosas así desataran un mar de pasión en tu matrimonio.

9. No pierdas la pasión. Eso también te hará recuperarla.

Solo son algunos consejos. Espero les ayuden a reencontrar la pasión ausente en sus matrimonios. Demos paso de nuevo a la pasión matrimonial. Recordemos esos días donde no importaba la hora de ida de casa de nuestras parejas, cuando por solo verle caminábamos horas o manejábamos hasta verle por un momento. Recordemos cómo se encendían nuestros corazones con esa sonrisa maravillosa que nos hacía sentir invencibles. Traigamos a memoria aquellos sacrificios primeros para estar juntos. Todo lo que hicimos para poder formar un hogar; entonces podremos avivar esa llama de pasión.

Pidamos al Señor que nos ayude ahí donde nosotros no podemos llevar el avivamiento de la pasión por la pareja y Él nos dará la victoria de un matrimonio apasionado.

4. Amor que entrega todo sin esperar nada

Muchos conocemos la idea de dar sin esperar nada a cambio. Pero pocos la ponemos en práctica. Cuando hablamos de amor con A mayúscula, no podemos hacerlo sin hablar de dar sin esperar nada. Sería imposible amar de verdad si no somos capaces de entregar todo sin esperar la recompensa de la otra parte. Porque es común dar algo y esperar una recompensa por el sacrificio hecho. Pero dentro del matrimonio a veces la recompensa no nos es otorgada. Pareciera que nuestra pareja no se da cuenta de cuánto hemos hecho por estar a su lado. ¿Será que no me valora? ¿Mi pareja no se dará cuenta de mi amor? Nos hacemos un manojo de preguntas, muchas de ellas incontestables por diversas razones; pero lo importante es comprender que, aunque no recibas la recompensa de tu sacrificio por la pareja, eso no nos puede desanimar. Y menos estimularte a dejar de seguir luchando por el matrimonio.

Te cuento un secreto: cuando uno ama, no le importa tanto la recompensa de los sacrificios. Simplemente se entrega sin esperar la recompensa; no espera que la otra persona muestre gratitud por lo hecho. Aunque aclaro: sería muy bueno que la persona que amamos nos demuestre que aprecia nuestros sacrificios. Ahora, no solo es ser una pareja que no espera la recompensa para dar amor. También es bien importante dar amor sin esperar que la otra persona lo muestre primero. Hay una gran diferencia en lo último.

Cuando no esperamos un beso, una mirada, un gesto de aprobación, un cariño, unos abrazos, sino que lo damos nosotros sin reclamar, entonces empezamos a crecer como personas. Recién nos damos cuenta de que nuestro amor no se basa en el cariño de la otra persona, sino en lo que sentimos por ella. ¡Qué inteligente fuera de nuestra parte tomar la iniciativa en la relación! Dar sin esperar es bien difícil. Entregar algo siempre, sin ver reacción en la persona que lo recibe. Pero te animo a seguir entregando todo de ti, sin esperar que la otra persona sea la primera en hacerlo. Entregarte a tu pareja vale la pena, totalmente. Es de valientes tomar la decisión de hacerlo primero. Es de personas maduras, fuertes, amar primero, si se le puede decir así. No todos entregan amor. Estamos acostumbrados a que «nos den» más que «a dar». Estamos prejuiciados con el «dar» y lo cambiamos por el «recibir». Y es buenísimo recibir amor, pero la regla número uno para recibir amor es dar amor.

Hoy esperamos demasiado de nuestra pareja. ¡No esperes recibir amor! Dáselo tú primero. Obviemos todo lo nos atormenta o estorba e impide que podamos dar de ese amor que Dios vertió en nuestras vidas. La verdad que muchos hemos crecido con falta de amor y llegamos al matrimonio incapaces de devolver lo que nunca tuvimos. Ahora hay un maravilloso Dios que puede incrementar de ese amor que depositó en nuestras vidas. Te hablo de Jesucristo. Él puede darnos el amor que necesitamos para que nuestra relación de pareja funcione mejor. En Cristo podemos ser sanados del pasado doloroso que nos impide amar con sinceridad y paz.

Con Dios podemos devolver amor a nuestra pareja. Ese amor que tanto nos hace falta para que funcione el matrimonio. Porque no podemos negar que exigimos algo que damos muy poco. Recuerdo que un día escuché a una gran mujer decir: «Si su esposa no le da amor, usted es el culpable». Y pensé: «¡Qué loca la señora! ¿Cómo puede decir eso? Si ella no me da amor, el problema es de ella». Y la señora prosiguió diciendo: «¿Sabes por qué? Porque ella da todo lo que tú le has dado. Lo que siembras recoges». Entonces comprendí que, si no recibía más amor de mi pareja, era que no había dado el suficiente.

Siempre tendremos mil razones para no dar amor. Justificaciones hay en proporciones gigantescas dentro del matrimonio. Muchos dirán que la otra parte me lo dé primero y de ahí lo doy yo. Pero así no funciona. No invirtamos la regla. El amor de este mundo jamás podrá darte el verdadero amor. Solo con Dios puedes dar verdadero amor. Somos unos miserables en lujosas casas, carros y vidas de apariencia si no reconocemos de dónde nace el verdadero amor. Reconociéndolo y aceptándolo podemos quitar las piedras que nos roban la bendición de «DAR» amor, sin prejuicios, sin esperar nada a cambio. Solo nos entregamos y punto. Cuando esta vida fluya a través de nuestros matrimonios, podremos decir el amor que siento por mi pareja se escribe con A mayúscula.

Amor es una palabra grande. No podemos llamar amor a cualquier cosa que hoy podamos estar viviendo. El amor no se compra. Se siembra. Se construye día a día. El amor es sufrido, benigno, todo lo cree, todo lo espera, nunca deja de ser. El amor es Dios mismo regalándonos un pedazo de cielo. Vivámoslo como tal, sin condiciones, con negación, con pasión y entregándolo todo por la otra pareja. Si nos decidimos a vivir así, nuestros matrimonios y vidas sufrirán un impacto de bendición. Podremos responder en cualquier lugar cuando nos pregunten: «¿amas a tú pareja?». Sí, pero no la amo como otro lo haría. La amo con amor con A mayúscula.

Capítulo 4:
¿Qué somos, proveedores o padres?

> "Hijo mío, no menosprecies la corrección de Jehová, ni te fatigues de su reprensión; porque Jehová al que ama castiga, como el padre al hijo a quien quiere" (Pr 3.11-12).

Fui criado por un maravilloso padre que siempre me enseñó a ser un hombre honrado. A luchar por mis sueños. A salir adelante, sin medir obstáculos. Y de eso me siento muy feliz. Porque no puedo negar su gran amor por mí. Su dedicación a que yo fuera un hombre mejor hoy.

Ahora, lo que siempre le pude demandar fue su ausencia en la tarea de hacer lo mejor de mí. Creo, inconscientemente que, tratando de que los retoños tengan lo mejor, les podemos hacer daño. Me explico; ¿quién no quiere dar lo mejor de sí mismos para que los niños sean felices? Pero en ese intento podemos dejar el rol de padre y convertirnos en otra cosa, ajena a la realidad de un buen padre.

Digo, sé que nadie quiere ser el malo de la película, ni

nada. No digo que nosotros queramos ser malos padres. Absolutamente no; pero sí se pueden cometer errores fatales en la búsqueda de la felicidad de nuestros hijos. Cuando un niño crece, no busca en el hogar dinero, universidad, puesto en un banco, buena posición social. Él busca una familia. Él solo quiere un padre una madre. Personas que ama solo por su olor. Personas que le hacen vibrar su pequeñito corazón. Busca protección, amor, un espacio dentro de esas dos personas que él llama padres.

Por favor, no tratemos de creer que un niño sabe de la vida. No interpretemos que dejar solo a tu hijo ahora para darle un futuro mejor puede hacerle más fuerte. Muchos hemos tenido experiencias de padres ausentes y crecimos así. No morimos, pero sí crecimos cargados de patrones deformados por lo que, a lo mejor, con todas las buenas intenciones del mundo, quisieron "darnos" nuestros padres. Tenemos que reconocer que a veces nos tenemos que ir porque no queda de otra. Pero también a veces no hacemos lo mejor de nosotros y damos por sentado cosas que acaban con la felicidad de nuestros hijos.

Hay muchas clases de padres, de los cuales podríamos hablar con gusto. Pero no, sólo tocaremos este tipo de padres. Esto incluye a los dos: papá y mamá.

Padre proveedor: ¿Qué significa ese término?

Padre o madre proveedor, no es más que aquel que ha cambiado su rol de padre o madre por ser el que sustenta la casa y solo eso; sustentar la casa económicamente.

Aclaro, no estoy hablando de fomentar la vagancia. Al contrario, es encontrar un equilibrio entre trabajo y familia. También puede traducirse así: un padre ausente es estar al final del día en casa, pero no eres una persona activa en la vida de tus hijos. Se puede estar con ellos y a la vez ausentes, solo proveyendo, nada más.

Rasgos de padres proveedores

1. Pasan más tiempo en sus oficinas, centros de trabajos, reuniones y viajes que en casa.

2. Prefieren invertir en el futuro de los hijos, no en su presente. Aunque es importante el futuro también lo es el presente de tu hijo.

3. Dejan toda la crianza de los niños a la otra pareja. Recuerda: criar hijos es trabajo de dos, no de uno que juega varios papeles dentro de una obra de teatro (tu familia).

4. Cree que con dinero lo arregla todo; quiere cubrir su ausencia con dinero.

5. Cree que con gustos puede arreglar la vida de su hijo.

6. Es demasiado complaciente, tolerante.

7. Espera demasiado de su hijo, cuando en realidad ha sembrado poco.

8. Lo da todo para ganar para su hogar, pero pierde lo

más importante: su familia.

Estas son algunas de las características, a grandes rasgos, de lo que podríamos distinguir en unos padres proveedores. Poseer este síndrome es aterrador, pero no solo eso; sus síntomas pueden ser difíciles de notar y principalmente por la persona que padece de ellos. Nosotros podemos sufrirlo y no notarlo. Es un virus que no nos destruye solo a nosotros. Destruye nuestros hogares. Son casi irreparables los daños que ocasiona, pero con la gracia de Dios, se puede arreglar cualquier corazón, y mucho más el corazón de nuestra familia.

Daños que puede causar el cambio de rol de padre a proveedor

1. Nuestros hijos solo nos verán como bancos que solo les dan dinero.

2. Nuestra imagen de padres no será la más clara que tendrán de nosotros.

3. Ellos reproducirán el mismo patrón en sus hogares futuros.

4. No solo ellos, nuestras parejas se verán afectadas por nuestra ausencia en lo esencial de la vida, nuestra familia.

5. Llegará la vejez y nuestros hijos no entregarán cariño de la manera que esperamos.

6. Podremos pasar tiempo en hospitales solos, porque

en realidad nosotros no le dijimos nunca que formábamos también parte de la vida de ellos.

7. Nuestra ausencia provocará que ellos tampoco estén cuando más los necesitemos. Eso fue lo que sembramos.

8. Ellos nos verán tan lejos como lo han hecho siempre y seguirá la cadena hasta que alguien decida poner sus vidas en Cristo, renunciar a este patrón y arreglar las cosas con ellos.

Estos son algunos deterioros que pueden traer nuestro cambio de roles. Algunos permanentes; otros, no tanto. Estoy seguro de que muchas veces las circunstancias nos mueven a esta posición. No queda de otra. Pero reflexionemos: los niños pueden ponerse unos zapatos más baratos, la ropa puede ser de otra marca… pero su formación será mejor si decidimos quedarnos más cerca de ellos. Sí, proveer y ser padre a la vez puede ser una tarea ardua. Pero vale el esfuerzo de darlo todo por ser más padres presentes y menos proveedores ausentes.

Es triste ver cómo nuestra sociedad carece de valores que encaminen a nuestros hijos. Pero lo peor que hemos hecho es eso. Dejar la crianza de nuestros hijos. Hemos fallado en esto también: somos muy permisivos, tolerantes, suaves, como dirían algunos psicólogos ante lo mal que lo hemos hecho con nuestros hijos. No miremos sus torpezas con ojos de padres. Observemos con ojos de hombres que piensan en sus futuros. Hombres que, aunque quieren lo mejor para ellos, entendieron que no están jugando con sus vidas. Están creando la vida de sus hijos.

Es suficiente las veces que nos equivocamos nosotros para repetir los errores en ellos. Debemos corregirlos, hacer que nos miren más y menos sus tablets. Quitémosle un poco el Internet, los teléfonos móviles. Dejemos de ser amigos virtuales de nuestros hijos y empecemos a ser padres verdaderos.

Preocupémonos por los amigos de ellos, ¿Quiénes son? ¿En qué andan? Renunciemos un poco al trabajo de afuera para ocuparnos del trabajo de adentro, en nuestros hogares. De nada vale ser un exitoso hombre o mujer en cualquier área de nuestras vidas si al final del día estamos más solos que nadie.

Tenemos que ver a los hijos partir de nuestras vidas desde pequeños cuando en realidad su partida debe ser cuando crezcan. Me refiero a la partida natural, al abandonar el nido, donde ellos hacen sus vidas. Hoy nos adelantamos, los botamos del nido antes, no conscientemente, pero sí con nuestras actitudes de padres triunfalistas, donde todo es por ellos, pero los perdemos a ellos. Así no da gusto trabajar por sus futuros, si lo perdemos en el proceso. Con razón dice la Biblia:

> «¿Qué aprovechará al hombre si ganare todo el mundo, y perdiere su alma?» (Mt 16:26).

Me permito no añadirle, pero si parafrasearlo en este contexto: «¿De qué le vale al hombre ganarlo todo, si pierde su hogar?».

Quizás nos preguntamos: ¿qué piensan nuestros hijos de nosotros? ¿Será que a mi pareja también la estoy perdiendo?

Estaría maravilloso poder hacer una encuesta en nuestro hogar, donde nuestros hijos nos digan con sinceridad en qué debemos mejorar, donde les preguntáramos si somos padres o proveedores. La encuesta podría traer estas preguntas:

- ¿Cuánto tiempo pasamos juntos?
- ¿Qué actividades compartimos como familia?
- ¿En qué creen que deberíamos mejorar?
- ¿Somos un equipo?
- ¿Cómo nos ven a los dos, mamá y papá?
- ¿Saben ustedes que les amamos?
- ¿Desearían ustedes que pasáramos tiempo en familia?

Cuando respondamos estas preguntas, tendremos una mejor idea de por dónde vamos en nuestras familias. Estaremos más actualizados en nuestra relación con ellos. Estaremos más motivados por sus respuestas sinceras. A veces vivimos desinformados de nuestras familias. Vivimos con ellos, pero no sabemos cómo piensan, cuáles son sus gustos, hacia dónde van sus vidas. Volvamos a actualizar nuestros sistemas hogareños y desarrollemos un software que nos ayude a permanecer con ellos.

¿Qué piensan nuestros hijos de nosotros?

La respuesta a esta pregunta obedece a determinar qué patrones de conducta estamos dejándole a nuestros hijos. Conversando recientemente con un gran amigo, abogado además en este tema de familia, él me comentaba ciertas situaciones que hoy estaba viviendo. Efectos de este tipo de vida de padres proveedores. Me decía: «Mis hijos me ven como la tarjeta de crédito. No les interesa mi salud». Este amigo estaba muy dolido con sus hijos, pero a la vez, me decía: «Reconozco que he fallado en darles una imagen de mí errada, contraria al modelo de Dios». Es un gran padre. Es un gran amigo. Pero hoy está sufriendo las consecuencias de interesarse tanto en el futuro de sus hijos, al punto que perdió su presente, y ahora en su futuro tampoco son de él. Si nosotros podemos ver en qué estamos fallando, imagínese nuestros hijos.

Quizás podemos decir por orgullo: «no me interesa que piensan de mí». Pero sí debería importarnos. Ellos son nuestros reflejos a la sociedad. Ellos son nuestras responsabilidades. Eso no podemos obviarlo. Arranquemos con la ayuda de Dios de nuestras vidas cualquier patrón erróneo que cargamos del pasado. Seamos los padres amorosos que nuestros hijos demandan. Es de vital importancia buscar en el corazón de nuestros hijos la figura que tienen de nosotros como padres o madres. Podemos estar mostrándoles inconscientemente que para nosotros lo más importante es el dinero, el trabajo, los negocios, el ministerio... cualquier área donde nos desarrollemos; todo menos ellos.

Nuestros hijos nos pueden estar viendo como los dictadores del hogar. Ellos pueden estar percibiendo la tensión entre mamá y papá. Ellos saben distinguir entre lo que es pelea y lo que no es. Son sensibles a eso. Nos pueden ver como los autoritarios de la casa. No importa quién seas, mamá o papá. Ninguno de los dos debemos ser tan autoritarios que destruyamos la imagen de Dios en el hogar. Debemos tener mano dura, pero con mucho amor. Enseñar. Disciplinar. Instruir. Todo con mucho amor, paciencia y sabiduría celestial.

Recordemos que la imagen que les demos a ellos será la imagen que se llevarán de Dios. Somos sus mayores héroes o heroínas. Su principal fuente de inspiración. Comportémonos como lo que somos. Padres o madres guiados por Dios, ejemplos de Su Padre celestial. Recuerda: antes de cualquier cosa que tengas que hacer, abraza a tus hijos, pídeles perdón y pregúntales: ¿qué piensan de mí? Y si no te gusta lo que recibes por respuesta, no los reprendas: ¡cambia tú!

Respondiendo a la pregunta: ¿Será que a mi pareja también la estoy perdiendo?

Quisiera que nos preguntáramos con honestidad: ¿Se puede ser buena pareja, sí ella o él no forma parte de nuestros sueños? ¿Cuándo sólo proveemos o pasamos en el trabajo nada más? ¿Podemos tener una buena relación así? Es fuerte la respuesta, uno de los puntos más fuertes del divorcio de hoy en día puede ser este.

El deterioro de la relación causada por el exceso de trabajo, viajes, reuniones, cultos, preparaciones individuales y muchas más son algunas de las cosas que atentan contra un matrimonio exitoso. Todo esto en exceso puede traer malas consecuencias dentro de la relación. Al igual que de nada vale trabajar demasiado en el futuro de los niños si pierdes su presente, es lo mismo en la pareja. Puedes traerles miles de regalos. Si no estas tú, no es igual. Recordemos: nuestras parejas no necesitan tantos regalos. Nos necesitan a nosotros.

Hemos cambiado lo que en realidad tiene valor por aquello que carece del mismo. Me refiero a la necesidad que hoy sentimos de cambiar lo importante por lo que no lo es tanto en realidad. Un regalo en un momento puede ser un buen incentivo para la relación, pero cuando se convierte en un «no pude llegar», o en «un disculpa, no tuve tiempo» pierde su valor original. Podemos tratar de mejorar la relación con incontables variantes para que funcione. Pero debemos estar nosotros involucrados en ellas. Nuestras parejas quieren que dejemos de ser un poco «más» de otros y un poco «menos» de ellas. Nuestro cónyuge desea más que nada ese abrazo amigo, caluroso, tierno, amoroso, de nuestra parte que nuestra ausencia llena de regalos.

Tenemos tantos pastores que han perdido sus matrimonios porque, en nombre de la obra que deben hacer han olvidado su verdadera obra: su hogar. Mis amados consiervos en el Señor: quien te llamó a hacer la obra, te pide que lo entregues todo, pero que no pierdas tu familia. Nada justifica un matrimonio roto, hijos sin padres, hogares destruidos en nombre de nada, ni nadie. Nuestro Dios jamás nos pedirá algo que vaya en contra de lo que Él mismo erigió y bendijo. No tratemos nunca de esconder nuestro fracaso en el hogar con más logros personales que pudiéramos tener.

La búsqueda de un sueño, la realización del mismo, no puede ir en contra de nuestros matrimonios. Si en algún punto va contra nuestra relación, deja de ser sueño y se convierte en el asesino de nuestras vidas. Sería un atentado contra nuestras parejas seguir adelante con algunos proyectos que sabemos bien que destruyen nuestras vidas matrimoniales. Por mucho que nos esforcemos afuera, nada recompensa una relación destruida. Nuestras parejas forman parte de nuestras vidas en todos los sentidos.

Podemos ser excelentes proveedores y pésimos cónyuges. Hagamos un equilibrio entre trabajo y hogar.

Todo esfuerzo de nuestra parte será bien recibido por nuestros hogares. Busquemos a Dios para devolverle la vida a nuestras relaciones. No podemos estar en paz con ellos si no estamos en paz con Dios. Cuando Dios ocupe el primer lugar en nuestras vidas, podremos poner en orden nuestros matrimonios, tendremos los valores, principios y metas bien definidas para lograr un matrimonio exitoso.

Puede ser duro lo antes expuesto. Pero es de gran ayuda abrir los ojos a la realidad de nuestras vidas. No todo está perdido. Muy por el contrario, Dios nos facilita la solución a este problema tan común en estos tiempos. Dios quiere mostrarnos por medio de Su Palabra cómo podemos cambiar. Estos patrones tan destructivos.

Todo depende de la percepción de Dios que tengamos. Si creemos que solo Dios suple, eso haremos; solo suplir para el hogar. Pero si creemos que Dios es Padre que suple, ahí cambia toda la película. Cuando entendemos que un padre o madre no deja de suplir para el hogar cuando se coge un fin de semana para sus hijos, estamos por el camino correcto. Nuestra relación con Dios es determinante en la tarea de ser buenos padres en el hogar. Porque cuando sabemos quién es Dios y de lo que es capaz de hacer por nosotros, entonces entendemos cómo hacer nuestra tarea en el hogar.

Muchos crecimos sin padres; otros, con solo uno; otros, con los dos. Pero, al fin y al cabo, con patrones muy deformados de lo que es Dios como Padre. Esto afectó nuestra idea de Dios y, cuando lo conocemos, solo creemos que Él quiere darnos de comer nada más. Pero Dios quiere darnos más que de comer. Quiere darnos amor, con relación. Es amor de ambas partes. Es amor sufrido. Amor tan grande que lo dio todo en la cruz para que hoy pudiéramos tener «vida» en las áreas en las que estamos muertos.

Su gran poder de resurrección quiere levantar nuestros matrimonios, nuestros hijos, nuestros hogares, nuestras vidas. Dejemos a Dios gobernar nuestras vidas. Él sabe cómo ordenar nuestros pasos. Es experto en restaurar vidas desechas. Es el más grande doctor de todos los tiempos. Cristo puede traer a la vida cualquier cosa que nosotros hemos dado por muerta. Podemos estar diciendo: ¿cómo puedo ser mejor en mi hogar? Te respondo: deja que Dios calme tu corazón, entrégale tu vida a Él y todo será distinto para ti.

Seamos padres que proveen. Pero más que darle de comer y tenerles la universidad segura, seamos padres de verdad. Amemos tanto su presente como su futuro. Demos todo de nosotros. Qué nuestros hijos mañana digan: «Mis padres fueron maravillosos no solo porque me ayudaron en mi vida económica, sino porque a pesar de todo estuvieron siempre para mí. Ellos no se perdieron jamás mi presente, aunque a la vez construirán mi futuro». Dios nos ayude a hacer lo mejor para nuestros hogares.

Sin ánimo de ofender, esta puede ser nuestra realidad hoy. Pero la pregunta es ¿qué vamos a hacer con ella? ¿Vamos a seguir perdiendo a nuestros hijos o vamos a tomar acción en ello? ¡No te rindas, en Cristo puedes confiar!

Capítulo 5:
Conservando la relación viva

"Casadas, estad sujetas a vuestros maridos, como conviene en el Señor. Maridos, amad a vuestras mujeres, y no seáis ásperos con ellas" (Col 3:18-19).

¿Quién no ha pasado por una crisis matrimonial? ¿A quién no le parece que la relación va a morir? ¿Cómo podemos hacer para mejorar nuestros matrimonios?

¿Podremos mejorar esto que un día fue un matrimonio? ¿No creo que tenga solución ya? Preguntas frecuentes en el arduo trabajo de mantener un matrimonio vivo.

Es desesperante ver cómo nuestras relaciones matrimoniales pueden caer en un bache, hoyo, estado depresivo, o como quieras llamarlo. Y no podemos o tratamos de hacer nada por mejorarlas en nuestras fuerzas. Mantener una relación viva constante después de algunos años puede ser todo un arte, pero con Dios se puede mantener vivo el matrimonio, sea el tiempo que sea. Pensando en cómo mantener un matrimonio vivo, Dios me mostraba algo que creo es importante para nuestras vidas.

1. Restaurar el altar de la comunicación

Es determinante restaurar la comunicación dentro del matrimonio, pues llega el momento que se pierde y solo nos ladramos. En otros casos, ni se hablan. Solo se gritan enojados. Como es nuestra relación con Dios, así debe ser nuestra relación matrimonial. Si perdemos un día de orar, nuestra relación empezará a empeorar hasta terminar la relación con Jesús. El día que dejamos de comunicarnos con nuestra pareja, en ese momento empezamos una cuenta regresiva de fracaso matrimonial. La comunicación es tan vital como el aire que se respira. No podemos permitirnos que se aleje de nuestros matrimonios.

Veremos lo que la ausencia de comunicación puede hacerle a nuestro matrimonio.

a) Erigirá un muro entre los dos.

b) Cuando se den cuenta, serán dos extraños en una casa tratando de jugar a formar un hogar.

c) No sabes qué pasa en el corazón de tu pareja.

d) No se ponen de acuerdo en temas vitales dentro del hogar.

e) Enviamos señales a nuestros hijos de cómo es un matrimonio.

f) Quebrará la esperanza de vida del matrimonio.

g) Creará dos mundos bien diferentes, al igual que distantes de lo que, en realidad, debe ser el mundo de amor y comprensión en el que debe vivir la pareja.

h) Dejará sin oxígeno nuestra relación. Porque eso hace la comunicación en la pareja: le da oxígeno a la relación.

Estos son algunos de los problemas que la falta de comunicación puede traernos. Veamos entonces por qué la comunicación es tan importante en nuestros matrimonios.

Es de vital importancia debido a la magnitud de su papel en una relación. ¿Cómo es imposible vivir sin oración en Dios? Es imposible que tengamos buenas relaciones con nuestras parejas si no nos comunicamos con ellas. Se puede vivir bajo el mismo techo y, sin embargo, ser un perfecto desconocido, o una desconocida. No importa cuánto tiempo lleven juntos; si dejaste de comunicarte, estas cometiendo un grave error. La falta de comunicación muestra muchas veces resentimientos entre los dos. «Le hablo, pero no le digo todo lo que siento»; esas pueden ser palabras que demuestran falta de comunicación. No encontramos en la pareja alguien con quien hablar, sino más bien alguien al que no le podemos contar nuestras razones porque piensa que estamos equivocados. Entonces empezamos a dejar de comunicarnos; ya no es lo mismo de antes y quien antes era consejero, hoy no nos quiere escuchar. Hay un poder celestial en escuchar a nuestras parejas. Las complicaciones de muchos de nosotros se basan en la realidad de que no hemos aprendido a escuchar.

De Dios a veces decimos: «No me habla. Dios no se ocupa de mí». Pero, en realidad ¿estamos escuchando? Escuchar es más que la acción de prestar oídos. En la relación de pareja, se escucha con el corazón. Se escucha con el alma. Se escucha con amor. Comunicarse es más que ofender. Es más que gritar insultos. Es más que destruir la imagen de Dios en nuestra pareja con nuestras palabras. La comunicación efectiva trae consigo comprensión, paz, amor, paciencia, razón, plática serena. La comunicación es como nuestra relación con Dios: cuanto más escuchamos Su Palabra, más crecemos en nuestra relación con Él. Cuanto más te comunicas con ella, más crecen como pareja; cuanta más relación por medio de la comunicación tienen, mejor se comportará el matrimonio o noviazgo. La idea es que no dejen morir el poder que trae mantener la relación viva por la comunicación; que no guarden nada en el corazón.

Comunicarse muchas veces significa hablar con sinceridad: desnudos de odio, rencor, fracasos, decepciones, desengaños, iras, dolores causados por la relación. Restauremos el altar de la comunicación. Perdonemos, amemos, dejemos que Dios sea el centro de nuestras vidas y relaciones. La respuesta de una comunicación efectiva es la vida saludable de un matrimonio vivo como nunca antes. Recuerda: nuestra comunicación activa con el Cielo traerá una comunicación potenciada con nuestra pareja.

No esperemos más. Rompamos el silencio que por tiempo hemos tenido con el Cielo y la pareja. ¡Adelante! Dios, la pareja y tú tienen mucho de qué hablar.

2. Confiar en la pareja, a pesar de no entender lo que está pasando

Definitivamente aquí hay un alto en este largo camino del matrimonio. El hombre en general es tendencioso a desconfiar por su naturaleza caída. Somos alérgicos a confiar en otra persona. Tenemos millones de máximas acerca de no confiar en nadie y el matrimonio no escapa de esta realidad. Tenemos una relación y nos cuesta confiar en la pareja. Todo matrimonio o relación debe tener sus pilares en la confianza mutua. Si no confiamos en nuestras parejas, ¿cómo podremos tener una relación viva? Lo peor de este asunto es que, cuando empezamos a desconfiar de la otra persona, emprendemos un camino largo y destructivo para la relación.

Cuando somos formados lejos de los principios de Dios, venimos al matrimonio cargados de conceptos totalmente equivocados. Traemos desconfianza como la madre de todos los males y esto lo esparcimos a la relación. Ahora, ¿qué se puede esperar de una relación basada en la desconfianza mutua? Solo el desastre en el hogar. La desconfianza trae miedo, descontento, violencia familiar. Engendra todo lo peor que puede vivir una relación actualmente. Tenemos que aprender a confiar el uno en el otro. Sé que muchos dirán: «Pero, ¿cómo? Mi pareja me ha sido infiel. Me miente, no me valora. ¿Cómo podría confiar en esta persona?». Empecemos por construir tu confianza primero. Debemos dejar a Dios traer paz a nuestras almas. Sometamos nuestro corazón al taller del Creador. Él podrá sanar nuestras heridas, restaurar nuestra confianza perdida y recomenzar nuestro presente.

Cuando nuestra pareja nos diga «confía en mí» en un momento determinado de nuestra relación, debemos hacerlo, si eso no atenta contra nuestra integridad física. Cuando no entendemos por qué nos dicen «confía» o «todo saldrá bien», aun así debemos depositar nuestra confianza en la pareja. Hay momentos donde no se puede explicar lo que sentimos, pero sí podemos entregarnos a la confianza del otro. Básicamente, una pareja se salvaguarda por la confianza depositada del uno hacia el otro. Cuando este elemento falta, todo se desploma.

Algunos ejemplos de lo que la desconfianza puede hacernos a la relación.

a) Crea un ambiente contradictorio dentro de la relación.

b) Manifiesta inmadurez.

c) Alimenta, engorda y le da sobrepeso a la duda.

d) Lesiona a la pareja.

e) Crea lazos de rencor, dolor y angustia dentro del matrimonio o relación.

f) Muestra un lado frágil de la relación.

g) Avergüenza a nuestras familias.

Aquí encontramos algunas manifestaciones del daño que puede generar la desconfianza en la pareja. Es indudable el dolor que puede causar la falta de confianza mutua. Crea personas resentidas, matrimonios al borde del divorcio, hijos marcados por la susceptibilidad, un ambiente familiar lleno de amargura. En fin, un verdadero infierno. Nuestro amado Dios quiere que restauremos nuestra confianza y eso solo puede hacerse entregándole a Él nuestros matrimonios, dejándole obrar. Confiar en Dios es darle el control de nuestras vidas. En la proporción que aprendamos a confiar en Dios, así empezaremos a confiar en nuestras parejas. Nos han enseñado a desconfiar desde pequeños. Quebremos esos patrones que hoy están anclados en nuestras vidas y echan a bajo nuestros matrimonios.

Soltemos ese gran peso que produce la falta de confianza en la pareja amada. Lo más maravilloso de este mundo es disfrutar de que la persona que tenemos a nuestro lado goce de toda nuestra confianza. Alejemos esos fantasmas de duda, desilusión, que hoy aquejan y perturban nuestras vidas.

Confiar involucra conceder algo tan frágil como es el corazón. Es permitir que muchas veces podamos ser heridos. Porque, indudablemente, saldremos heridos por alguien que no apreció en un momento nuestra confianza. Pero eso no puede detenernos, amargarnos o jurar que jamás volveremos a confiar.

En la relación de pareja, vendrán momentos donde podrás perder la confianza. Pero tomarás aire otra vez en Dios y entenderás que el perdón es parte de la confianza. Son gemelos para que un matrimonio funcione. Veremos que entregar el corazón puede hacernos sentir recelosos, pero a la misma vez, podremos comprobar la bendición que es confiar en la persona amada. Podremos entender que la relación del matrimonio es de tres: Dios, tu pareja y tú. Confiar en Dios nos devuelve la confianza en nuestras relaciones.

3. Seamos románticos todo el tiempo

Me siento feliz al saber cuán románticos podemos ser tanto hombres como mujeres. Ya hoy es viral. Antes había miles de tabúes acerca de ser verdaderamente románticos. No solo hablo de flores, chocolates, mesas con velas, cenas o cualquiera de las manifestaciones a las cuales se les podría llamar artes del amor. Lo que en realidad hoy está en crisis es convertirnos en eso que planteamos antes de la cena o las flores. Porque generalmente después de la cena romántica todo vuelve a ser peor que antes; porque nuestra pareja ahora se dio cuenta de que solo queríamos pasar la noche o el momento.

Vivimos en un mundo donde después que se toma lo que se quiere se bota. Es preocupante ver cómo cada día más nuestras familias asimilan este modelo de vida tan dañino para nuestra sociedad. Tenemos un alto índice de divorcios en la actualidad debido a este principio de vida.

Hoy no podemos permanecer románticos todo el tiempo. Es solo para ocasiones «especiales», «aniversarios», «cumpleaños», o para el 14 de febrero, que celebramos el Día del Amor. Parece que el amor entre pareja solo puede sobrevivir algunos días al año. ¿Será que no podemos celebrar todos los días que estamos enamorados de nuestras parejas?

Antes de que me cierren el libro, entiendo que no todo el año se pueden pagar cenas o todo lo demás. Ahora, no creo que ser romántico todo el tiempo implique solo eso. Es que el amor hoy está en crisis por ese motivo, porque lo alimentamos muy poco, solo algunos días al año. Pensamos que todo se arregla con regalos, frases bonitas, caricias que aparecen esos días nada más. Y a eso le llamamos ser románticos. Nuestra percepción de amor, o de lo que precisamos como amor, fija mucho nuestra definición de ser románticos todo el tiempo. Para nada estoy hablando de ser una esponja de dulce, que no deje trabajar a nuestras parejas. Consiste en dar una palabra amable, un cariño, un gesto de respeto, una mano extendida. Decirle a diario a la persona amada que es todo para nosotros.

Ser romántico todo el tiempo es amar y mostrar ese amor con hechos. Nos gusta recibir amor sin concederlo primero. Algo que generalmente hace que la pareja se hunda en crisis. Pero crezcamos como matrimonios. Proveamos de pasos hacia un matrimonio diferente, marcado por la bendición de Dios. Deberíamos cultivar día a día nuestras relaciones, momento a momento. No debe escapar un día sin decir «te amo», «eres importante para mí».

Algo que he podido observar en nuestra sociedad es un marcado deseo de lograr cierto agrado de nuestra parte hacia nuestras parejas antes de tener relaciones sexuales. Es todo un esquema moderno de conquista, o de querer en cierto modo mantener la relación viva. Esto que hacemos en los días «especiales» antes mencionados. Somos movidos por el premio o la recompensa de haber sido románticos en términos generales, ya sea hombre o mujer.

Somos todo amor. El mismo Cupido del «romance vivo», antes de tener o de conquistar lo que queremos. Pero, ¿cuántos de nosotros nos hemos preguntado: «Mi pareja querrá solo que sea romántico (a) antes de tener relaciones sexuales o de después de haberlas tenido?» ¿Será que el romanticismo me podrá durar siempre, o se termina en el momento de alcanzar mi objetivo esa noche? Es bastante curioso e importante determinar en realidad hasta dónde nos llega el ser amorosos, románticos, cariñosos.

Siendo sinceros: creo que pocos podríamos haber pensado en eso. Para ser romántico todo el tiempo, se necesita pensar en la otra persona, así como Dios no deja de pensar en nosotros. El mayor ejemplo de amor lo tenemos en Cristo. No solo se preocupa de nuestras vidas antes. Se preocupa por nuestro presente y futuro. Necesitamos estar conscientes de lo que molesta a nuestra pareja. ¿Qué difícil debe ser ver toda una manifestación de amor gigantesca antes «de» y después «de» se acabó el encanto? Chao al amor romántico que minutos antes daba la vida por la otra pareja. Pensemos un poco más en la persona que tenemos a nuestro lado.

Es tan lindo, al igual que maravilloso, ser todo el tiempo ese eterno enamorado que parece loco de tanto amar. Preguntemos con sinceridad a nuestras parejas: «¿Quieren romanticismo siempre, o solo unos días al año?». Independientemente de la respuesta, no dejes de ser un enamorado perpetuo de tu relación.

4. Jamás renuncies a luchar por tu matrimonio

Para nadie es un secreto que el matrimonio es duro. Zona de conflictos e indiscutibles situaciones. Pero tampoco podemos obviar la grandeza de un matrimonio feliz: su belleza, su poder, su impacto ante la sociedad y Dios. Ahora llega un momento dentro de la relación que decidimos no seguir luchando por ella. Un punto ciego e intransigente donde resolvemos abandonar el barco antes que llevarlo a un puerto seguro.

Sí, parece que llega una etapa para nosotros cuando perdemos todas las esperanzas de arreglar el matrimonio roto. Se nos acaban las fuerzas y decimos «no puedo más», «me canse de luchar» y muchas frases más expresadas con dolor y no con claridad en realidad. Nos embarga un sentimiento de insensibilidad e indolencia por las consecuencias que pueden traer desertar de nuestros matrimonios.

Podemos encontrar mil razones para rendirnos. Para dejarlo todo y buscar alguien que te valore un poco más, Pero, ¿será esa la voluntad de Dios? ¿Será lo que tú mismo quieres? ¿O es que las emociones, el largo tiempo enfrentando los problemas han desgastado la armadura que Dios te ha puesto? Porque huir de los problemas nos hace alargar los mismos, no solucionarlos. Si pensamos que cambiar de pareja es la salida, estamos totalmente equivocados.

Nunca cambiar de pareja será una salida transitable para evitar los problemas con la pareja actual. Siempre es más fácil huir que enfrentar las cosas. En estos casos, cuando decidimos huir, arrastramos nuestros problemas a donde corramos. Nos perseguirán eternamente hasta que los enfrentemos, hasta que juntos les busquemos la solución. No será fácil; no te puedo mentir. Pero valdrá la pena hacerlo por nuestras familias. Por nosotros mismos, incluso.

Perpetuamentc la mejor opción es seguir luchando. No rendirse. No tirar la toalla dentro del matrimonio. Sigamos luchando. Reconfiguremos nuestro sistema. Busquemos consejo donde mejor se encuentra: en la Biblia, ese manual de vida práctica para el matrimonio. Allí podremos encontrar fuerzas de parte de Dios para nuestras vidas agotadas. Ahí encontraremos el amor, el perdón, la paciencia y el gozo necesario para poder llevar a cabo una relación bendecida.

Nuestras vidas en las manos del Maestro pueden ser totalmente victoriosas. Nuestros matrimonios aún más. Una de las metas radica en no cansarte jamás de luchar. Sufre, como dice el poema, pero no te vayas. Avanza, cae, pero levántate. Recibe esas desilusiones que se pueden recibir dentro de una relación, pero no desistas de tu pareja. Triunfa, gánale al asesino más grande de todos los matrimonios: el «divorcio». Que la historia de la derrota la cuenten otros. Que se escuche en toda la selva de pavimento que sí se puede mantener un matrimonio vivo luchando por él. Que desistan otros, que huyan de ser felices refugiándose en la frustración, la desesperación y las excusas.

Seamos diferentes. Marquemos un antes y un después en este mundo de vencidos, donde nosotros somos más que vencedores en Cristo. Que huyan otros, que se rindan otros, pero nosotros jamás. No dejaremos solo al amor que sentimos por nuestros cónyuges. Venga Dios en nuestra ayuda y nos guie por sendas de rectitud y sabiduría, con las cuales podremos levantarnos victoriosos sobre el imperio del divorcio y gritar al mundo entero, parafraseando el texto bíblico: ¿Dónde está, oh divorcio, tu aguijón? ¿Dónde, fracaso, tu victoria? (*cf.* 1 Co 15:55). ¿No sabes acaso que Dios ya nos entregó la victoria?

Llegando al final de este libro, espero que Dios nos ayude a permanecer siempre amantes de nuestras parejas, fieles a ese amor que nos une a ellas. Perseverantes en mantener viva una relación que, podrá a su vez, mantenernos enérgicos en nuestros hogares. En Cristo alcanzáremos lo deseado por todo matrimonio: una relación feliz.